陶瓷文化创意产业园产业链的构建

汪华林　王玉宁　易迎欣 ◎ 著

中国书籍出版社
China Book Press

图书在版编目（CIP）数据

陶瓷文化创意产业园产业链的构建 / 汪华林, 王玉宁, 易迎欣著. -- 北京：中国书籍出版社, 2023.11

ISBN 978-7-5068-9616-0

Ⅰ.①陶… Ⅱ.①汪…②王…③易… Ⅲ.①陶瓷—文化产业—工业园区—产业链—研究—中国 Ⅳ.

①G124

中国国家版本馆 CIP 数据核字 (2023) 第 198317 号

陶瓷文化创意产业园产业链的构建

汪华林　王玉宁　易迎欣　著

图书策划	成晓春
责任编辑	成晓春
封面设计	博健文化
责任印制	孙马飞　马　芝
出版发行	中国书籍出版社
地　　址	北京市丰台区三路居路 97 号（邮编：100073）
电　　话	(010) 52257143（总编室）　(010) 52257140（发行部）
电子邮箱	eo@chinabp.com.cn
经　　销	全国新华书店
印　　刷	天津和萱印刷有限公司
开　　本	710 毫米 × 1000 毫米　1/16
字　　数	195 千字
印　　张	10.25
版　　次	2024 年 5 月第 1 版
印　　次	2024 年 5 月第 1 次印刷
书　　号	ISBN 978-7-5068-9616-0
定　　价	68.00 元

版权所有　翻印必究

前　言

发展文化创意产业，既可以推动我国传统产业向集约型发展转型升级，实现经济可持续发展的目的；又可以提高我国文化"软实力"，加大文化宣传力度，进一步提升我国文化的国际影响力、感召力。近年来，国家高度重视文化创意产业的发展，出台了一系列促进文化创意产业发展的新政策，并将文化创意产业发展列为经济发展的重要增长点；各地方政府也结合本地区域经济特色和条件，明确了各自文化创意产业发展重点，提出了符合地方经济发展特色的发展方式，投入了大量的人力、物力、财力，建成了一批具有鲜明区域特色、发展势头良好的文化创意产业园。全国文化创意产业发展生机盎然、欣欣向荣。文化创意产业园作为发展文化创意产业的有效途径之一，既能实现产业链上下游企业的有效集聚，也可以实现产业环节上类似企业的有效集聚。

景德镇作为"千年瓷都"，拥有传承千年的陶瓷文化和陶瓷技艺，这为景德镇陶瓷文化创意产业发展提供了丰沃的土壤，资源禀赋优势十分明显。景德镇近年来大力发展陶瓷文化创意产业，先后打造了陶溪川、三宝陶艺村、名坊园等陶瓷文化创意产业园。陶瓷文化创意产业园基本实现了产业集聚效应，呈现出资源消耗少、配置效率高、企业融合紧的显性特征，在推动陶瓷产业经济转型升级中贡献了新能量。但是，与国内外一批成熟完善的文化创意产业园相比，景德镇的陶瓷文化创意产业园发展并不完善，园区内产业结构不完整，尚未形成从创意到消费的完整链条，产品附加值、消费者体验感、经济贡献度等方面还存在较大提升空间，陶瓷文化创意产业园的作用并未得到充分发挥。景德镇国家陶瓷文化传承创新试验区的设立，不仅可以为景德镇陶瓷文化创意产业园建设发展带来更多的机遇，为景德镇陶瓷文化创意产业发展提供极大的推动力，也可以为全国陶瓷文化创意产业，乃至其他文化创意产业发展提供有效的样板借鉴。

景德镇陶瓷文化创意产业园产业链的构建与优化，不仅能够营造陶瓷文化创意产业的良好生态，提升景德镇陶瓷文化创意产业竞争力，推动陶瓷文化创意产业优化升级，还可以促进景德镇陶瓷产业向绿色、高端、高附加值方向迈进，有利于促进景德镇经济可持续发展。

本书从论述景德镇陶瓷文化创意产业发展背景出发，对文化创意产业园和产业链涉及的相关理论进行了系统梳理；基于调查和访谈情况，归纳了现阶段景德镇陶瓷文化创意产业和陶瓷文化创意产业园的发展现状，指出了存在的问题和不足；分析总结了自由贸易试验区发展文化产业经验对陶瓷文化创意产业发展的指导和借鉴意义；阐释了陶瓷文化创意产业链的内涵、特点、结构等；探讨了陶瓷文化创意产业链的优化路径，对景德镇国家陶瓷文化传承创新试验区建设背景下景德镇陶瓷文化创意产业园产业链的构建思路与发展战略提出了建议。

由于作者水平有限，加之时间仓促，疏漏之处在所难免，在此恳请广大专家和读者朋友指正。

汪华林　王玉宁　易迎欣

2023 年 11 月

目 录

第一章 绪论···1
    第一节 创意经济学与文化创意产业发展···1
    第二节 传统制瓷业困境催生陶瓷文化创意产业发展·····································9
    第三节 试验区建设为陶瓷文化创意产业发展提供新机遇·····························11
    第四节 数字经济快速发展助推陶瓷文化创意产业发展·······························15

第二章 文化创意产业集聚与文化创意产业园的发展·······································17
    第一节 产业"集聚"与文化"集聚"···17
    第二节 文化创意产业园的界定··26
    第三节 文化创意产业园的分类与特点···27
    第四节 文化创意产业园的建设成效···30
    第五节 文化创意产业园发展存在问题···34

第三章 产业链构建与整合··40
    第一节 产业链相关理论··40
    第二节 产业链运行机制··44
    第三节 产业链构建··48
    第四节 产业链整合··53

第四章　景德镇陶瓷文化创意产业的发展 ····· 57
　　第一节　陶瓷文化创意产业 ····· 57
　　第二节　景德镇陶瓷文化创意产业发展环境 ····· 60
　　第三节　景德镇陶瓷文化创意产业发展的制约因素 ····· 66
　　第四节　景德镇陶瓷文化创意产业发展意见 ····· 71

第五章　景德镇陶瓷文化创意产业园的发展与经验借鉴 ····· 79
　　第一节　景德镇陶瓷文化创意产业园发展现状 ····· 79
　　第二节　景德镇陶瓷文化创意产业园发展模式 ····· 80
　　第三节　景德镇陶瓷文化创意产业园特点 ····· 82
　　第四节　景德镇陶溪川陶瓷文化创意产业园案例分析 ····· 84
　　第五节　国内外文化创意产业园典型案例分析与经验借鉴 ····· 87

第六章　国内利用试验区发展文化产业经验总结 ····· 97
　　第一节　自由贸易试验区发展文化产业的优势 ····· 98
　　第二节　上海自贸区发展文化产业的经验 ····· 99
　　第三节　内陆自贸区发展文化产业的经验 ····· 103
　　第四节　自贸区经验对景德镇利用国家陶瓷文化传承创新试验区发展文化创意产业的启示 ····· 107

第七章　陶瓷文化创意产业链的构建与优化 ····· 110
　　第一节　陶瓷文化创意产业链的内涵 ····· 110
　　第二节　陶瓷文化创意产业链的特点 ····· 111
　　第三节　陶瓷文化创意产业链的结构 ····· 114
　　第四节　陶瓷文化创意产业链的表现形态 ····· 116
　　第五节　陶瓷文化创意产业链的优化升级 ····· 120

第八章 "试验区"建设背景下陶瓷文化创意产业园产业链构建思路与发展
　　　　战略选择······133
　　第一节　陶瓷文化创意产业园产业链建设背景······133
　　第二节　陶瓷文化创意产业园产业链存在问题分析······134
　　第三节　陶瓷文化创意产业园产业链构建······136
　　第四节　试验区建设背景下陶瓷文化创意产业园产业链发展战略······143
　　第五节　陶溪川陶瓷文化创意产业园产业链构建策略······149

参考文献······153

后记······156

第一章 绪论

本章主要从创意经济学与文化创意产业发展、传统制瓷业困境催生陶瓷文化创意创业的发展、试验区建设为陶瓷文化创意产业提供新机遇、数字经济快速发展助推陶瓷文化创意产业发展四个方面展开论述阐述。

第一节 创意经济学与文化创意产业发展

创意经济学是探索创意产生、形成、发展的过程中蕴含的内在规律,研究创意在创意经济型产业的各个行业和部门中的具体运用规律的应用科学。创意经济是一个富有弹性且不断扩大的经济领域,它能够促进变革,推动建立更具包容性、连通性和协作性的社会。创意经济具备商业和文化双重价值,它虽然以"文化产业"为研究对象,但并非对"文化产业"整体进行研究,而是侧重于研究以创意为内在核心的文化产业。

创意经济学起源于学者对于文化产业的研究。"文化产业"这一概念最早出现在1926年本雅明的著作《机械复制时代的艺术作品》中。1947年,法兰克福学派的阿多诺(Adorno)和霍克海默(Horkheimer)在《启蒙辩证法》中首次提出了"文化工业"的概念并对其展开深刻剖析;而后在同一学派的马尔库塞(Marcuse)、本杰明(Benjamin)、哈贝马斯(Habermas)等人不断地丰富和发展之下,法兰克福学派的"文化工业"理论演化成西方主流的文化产业理论的基石。西方学者认为,文化产业是一条巨大的产业链,涉及从创意、生产到再生产、交易的各个环节,其基本经济价值来源于文化价值。

随着科技与日俱进的变化发展，文化产业从最初单一的内容制作、传播、消费，逐渐演变为以高科技为重要支撑的新产业形态。高科技产业作为文化产业的载体，使得文化产业与其他行业之间产生更多的接触与融合，进而不断涌现出一系列的新业态。

文化创意产业是在文化产业发展基础上形成的一种新兴产业。1997年，"创意产业"这一概念首次被纳入英国的产业发展战略中，英国政府为此设立了一个专门的创意产业特别工作组。1998年颁布的《英国创意产业路径文件》中明确了"创意产业"的定义：创意产业是源自个人创意、技巧及才华，通过知识产权的开发和运用，具有创造财富和就业潜力的行业。文件中还指出创意的加入为产品或服务提供实用价值以外的文化附加值，从而提高了产品或服务的经济价值，该定义已被众多学者所接受。"创意产业之父"英国经济学家约翰·霍金斯（John Hawkins）在他著作《创意经济》一书里指出，如今的创意经济每天能够创造220亿美元的产值，并且还在以5%的增速高速攀升。人类在不断丰富、创造着无形资产，终会在某一天，无形资产的价值会超越人类所拥有的物质资产的价值。创意经济在今后可预见的范围内，将成为新的经济增长点。尤其在全球经济下行压力持续增大的情况下，创意经济逆势而上，呈现蓬勃发展的态势，发展创意经济是促进经济多元化，推动经济健康可持续发展的重要途径。中国作为世界上主要的创意产品出口国，对全球创意经济的繁荣作出了重要的贡献，随着中国经济的进一步发展，中国创意经济亦将持续增长。

发展文化创意产业，既可以推动我国传统产业向集约型发展转型优化升级，达到经济可持续发展的目的，又可以提高我国文化"软实力"，进一步提升我国的国际影响力、感召力。近年来，我国的文化创意产业取得长足进步，从中央到地方政府都高度重视文化创意产业的发展，并将其作为发展地方经济的新增长点来重点对待，并陆续出台了诸多文化创意产业发展促进策略，投入了大量的人力、物力、财力推动文化创意产业新一轮的增长。

相较于西方国家，我国的文化创意产业发展起步较晚。2009年，国务院颁布了我国第一部关于文化创意产业的专项规划——《文化产业振兴规划》，这项计划是党中央国务院从国家战略高度出发，对我国文化产业中的重点项目、骨干企业、园区和基地建设、文化消费内需和外贸、现代化文化市场体系、新文化业态等方面作出重大部署，为文化产业发展和繁荣提供了优质的政策支持和难得的时代机遇。近年来，在政策扶持和社会各界的共同努力下，我国文化创意产业的发展取得了令人瞩目的成绩。经过不断地发展，文化创意产业的规模和范围也迅速扩大，从原来的一些国内经济文化发达的一线城市扩展到全国大中城市再到三五线小城市，文化创意产业涵盖的行业也越来越多，对国民经济增长的贡献越来越大。

作为国家的政治和文化中心，北京在发展文化创意产业方面具有得天独厚的优势。作为当今世界最大的综合性城市之一，文化创意产业正迅速成长为北京市经济增长的新引擎。2006年10月，北京市发布的《北京市促进文化创意产业发展的若干政策》中提出：每年安排5亿元的专项资金，重点支持18个文化创意产业区、规划建设16个文化创意产业园，对北京市文化创意产业的发展进行部署，全面启动本市文化创意产业发展工作。2018年北京市政府制定出台《北京市文化创意产业园区认定及规范管理办法（试行）》和《关于加快市级文化创意产业示范园区建设发展的意见》两项政策，对全市文化创意经济示范园区的建设提出具体要求。2019年1月25日，北京市正式公布了首批市文化创意产业园区名单，33家园区名列其上。据了解，此次入选的文化创意经济园区管理运作规范、经营效益突出、产业链条完善、服务质量优良、特色鲜明、产业布局完善。2022年7月26日发布的《北京文化产业发展白皮书（2022）》中数据显示[①]，2021年北京市规模以上文化产业收入为17563.80亿元、同比增长17.50%，利润总额为1429.40亿元、同比增长47.50%。其中内容创作生产、创意设计服务、新闻信息服务、文化传播渠

---

① 李洋.《北京文化产业发展白皮书（2022）》发布[N].北京城市副中心报，2022-07-27（002）.

道等四大领域的收入占全市文化产业总收入的比重接近90.00%，吸收就业人员占全市就业人员总数的85.60%，成为稳定就业的"蓄水池"。"文化+科技""文化+旅游""文化+体育""文化+乡村振兴""文化+商业"等为北京市文化创意产业深度赋能；工业遗产、新型文创空间促进"产城融合"，激发产业活力与场景魅力。北京市在切实做好首都文化这篇大文章上狠下苦功，突出文化建设的基础性和全局性地位，为建设社会主义文化强国贡献了首都智慧、首都方案、首都力量，充分发挥示范带动作用。

上海将文化创意产业作为支柱产业来发展，经过多年努力探索，上海的文化创意产业发展走在全国前列。立足本地实际，上海积极探索发展创意产业，从形式到内容不断创新，构建独具特色的"单个创意企业—封闭创意园区—开放创意社区"，以此作为文化创意产业发展新途径。目前，上海的文化创意园区主要有以下三种集聚特色：一是聚焦人工智能、集成电路、生物医药等关键领域，建设产业发展新高地和产城融合新地标，如创意仓库、M50、虹桥软件园等；二是聚焦三大先导产业和新兴融合领域，如2577创意大院、空间188、海上海等；三是聚焦元宇宙、数字经济、绿色低碳等，如1933老场坊、98创意园、数娱大厦等。这些园区具有历史痕迹和人文特色，在国内外具有一定知名度，形成了初步的集聚效应。上海市的文化创意产业产值不断提高，为上海创意产业发展和经济发展做出了重要贡献。2022年，上海市投入30128.40万元用以扶持777个文化创意项目发展；创意设计产业总产出1.64万亿元、同比增长1.17%[①]，其中数字设计、建筑设计、服务设计为主要产出点；还修订了《上海市文化创意产业园区、示范楼宇和示范空间管理办法》和评定标准，使管理更加程序化、规范化。

长沙，作为"文化立省"的湖南的省会城市，在文化创意产业中拥有独特的地位。在广播电视领域，湖南卫视和湖南经视不仅引领了大众娱乐潮流，也引领了文化创意产业链的发展方向，以传播渠道带动生产。与此同时，长

---

① 新浪财经.2022年文创产业占上海全市生产总值约13% 产业发展长期向好[EB/OL].（2023-03-30）[2023-06-11].https://baijiahao.baidu.com/s?id=1761773830639372363&wfr=spider&for=pc.

沙通过加强政策保护、加大招商引资、优化改造园区等手段，将文化产业的发展推向新的高度，现已形成了湘台文化创意产业园、马栏山视频文创产业园、大王山旅游度假区、洋湖生态新城、铜官文旅片区、浏阳大围山生态旅游示范区、长沙天心文化产业园等多个文创产业集聚区。2022年，长沙已经建成文化产业园区（基地）共计38家，其中国家级10家；文化产业总产出超过2000亿元，比去年翻一番；对外文化贸易进出口205.91亿元，同比增长38.60%[①]。

深圳，丰富的青年人才是其特有的创意优势。作为我国发展文化产业的早期探索者，深圳率先探索出"文化+"的发展模式，注重挖掘利用本土传统文化资源深入推进城市文化建设，积极参与国际文化交流，创造发展了"文化+旅游"、"文化+创意"、"文化+金融"、"文化+制造"等文化产业发展新模式。2022年，深圳文化产业增加值超过2600亿元，占全市GDP的比重稳步提高，达8.00%[②]。文化创意产业各行业都涌现一批全国知名企业，如动漫领域的华强动漫、环球数码，游戏领域的腾讯、中手游，文化装备研发领域的冠旭电子、康冠科技，印刷领域的裕同科技、雅昌，等等，文化企业数量超过十万家，为超过100万人提供就业机会。目前，深圳有市级及以上文化产业园区共计71家，其中含国家级文化产业示范园区（基地）10家，省级文化产业园区9家，省文化和旅游融合示范区2家。深圳市级及以上文化产业园区中入驻企业超过一万家，提供约20万个工作岗位，营业收入高达1500亿元。深圳正在由优先发展经济的特区向物质文明建设与精神文明建设齐头并进的特区方向转变。

香港，一个举世瞩目的国际贸易、金融、航运中心，东方和西方的文化在这里交汇交流。早在2003年，香港政府中央政策组就委托香港大学文化政

[①] 中国日报网."长沙·非凡十年"：一座国际文化创意中心城市正在崛起[EB/OL].（2022-09-30）[2023-06-11].https://baijiahao.baidu.com/s?id=1745389998055323963&wfr=spider&for=pc.
[②] 21经济网.从"文化+科技"到"文化×科技"的深圳表达 春天的故事·深圳观察[EB/OL].（2023-06-08）[2023-06-21].http://www.21jingji.com/article/20230608/herald/7ce1df893487a91e6e9c8447f13385d5.html.

策研究中心进行了"香港创意产业基线研究"，按照"创意产业"的新定义，首次将香港的11个行业界定为创意产业。2018年"内地演出计划"加深了香港和内地的文化交流。翻新扩建后于2019年重新开放的香港艺术馆、2021年开放的M+博物馆、2022年开放的香港故宫文化博物馆等成为香港文化新地标。"十四五"规划中也明确指出要将香港发展为中外文化艺术交流中心，香港正在打造"文化之都"的道路上行稳致远。

此外，在"十四五"规划和2035远景目标建议对文化产业发展的指导下，我国多个省市地区就文化产业的发展给出了相关的指导意见以及补助支持，各省市也纷纷在制定的"十四五"发展规划中对文化产业制定相应的扶持政策，具体如表1-1-1所示（表1-1-1源自：作者根据有关资料整理绘制）。

表1-1-1　部分省市地区"十四五"时期文化产业发展规划

省市	规划目标
安徽	繁荣发展文化事业和文化产业，加快建设具有徽风皖韵和时代特征的创新型文化强省。优化文化城游产业空间布局，高水平建设合肥都市圈文化发展核心区、大别山等革命老区红色旅游发展示范区、国家级徽州文化生态保护区和皖江文化发展集聚带、淮河安徽文化发展集聚带。打造文化旅游创新示范区，推进旅游景区、线路、业态、商品、企业"五个一批"精品打造工程，大力发展全域旅游、红色旅游、智慧旅游，建设世界级旅游景区和度假区，争创文化特色鲜明的国家级旅游休闲城市和街区，推动黄山国际文化旅游论坛落地把文化旅游业培育成为国民经济战略性支柱产业。
北京	加快构建充满活力的现代文化产业体系和文化市场体系，广泛汇聚国内外高端文化要素，让蓬勃兴盛的文化产业为首都发展提供强劲动能，到2025年，力争文化产业增加值占地区生产总值比重达到10%以上，建设具有国际竞争力的创新创意城市。
福建	社会文明程度更高，文化产业体系更加健全，红色文化、海丝文化、朱子文化、闽南福建文化、客家文化、妈祖文化、闽都文化等八闽文化交相辉映，文化软实力和影响力进一步增强。
甘肃	到2025年，文化和旅游强省建设取得重大进展，社会文明程度得到新提高。文化事业、甘肃文化产业和旅游业发展水平不断提升，"一个工程、十大体系"取得明显进展，人民精神文化生活日益丰富，甘肃文化影响力进一步提升，文化和旅游治理体系和治理能力现代化水平不断提高。
广东	到2025年，更高水平的文化和旅游强省建设取得重大进展，文化事业更加繁荣兴盛文化和旅游产业发展质量显著提高，人民精神文化生活日益丰富。

续表

省市	规划目标
贵州	到2025年，文化事业繁荣发展，文化强省建设取得重大进展。文化事业、文化产业和贵州旅游业高质量发展体制机制更加完善，治理效能显著提升，人民精神文化生活日益丰富，2025年，重点打造10部左右舞台文艺作品，推出200件左右优秀主题美术作品省直文艺院团每年完成文化公益演出500场次以上。
海南	到2025年，海南规划打造"一先行区、三基地、一窗口"，即将海南建设成为国家文海南化和旅游高质量融合发展先行区，国家对外文化贸易基地、"一带一路"国际文化交流基地、世界文化艺术品交易基地和展示中华优秀文化，彰显中国文化自信的重要窗口。
河北	构建"一体两翼六带"空间布局。"构建一体"，即对接京津共同打造京津冀文化和旅游河北发展协同体。"形成两翼"，即以雄安新区为核心的南翼，以张北地区为核心的北翼，"打造六带"，即环京津文化和旅游带、长城文化和旅游带、大运河文化和旅游带、太行山文化和旅游带、沿渤海文化和旅游带、坝上草原文化和旅游带。
河南	大力气破解阻碍大遗址、文艺院团、文博院馆、旅游景区、文化产业园区等良性发展的体制机制性问题，最大程度激发文化和旅游战线各类主体创意创新创业的积极性。
黑龙江	发展特色边疆文化产业，打造龙江特色边疆文化品牌。到2025年，省级以上重点文物保护单位"四有"工作完成率达100%。
湖北	实施文化产业数字化战略，加快发展新型文化企业、文化业态、文化消费模式，改造湖北提升传统文化业态，推动文化产业全面转型升级，提高质量效益和竞争力。实施文化市场主体孵化培育工程，培育一批具有原创力和竞争力的创牌打"板"企业，新增上市文化企业10家以上。
湖南	到2025年，规模以上文化企业数量超过5000家，营业总收入超过5000亿元，建成3家国家级文化产业园区，文化产业在国民经济中的支柱地位进一步突出。
江苏	深化文化体制改革，完善文化生产经营管理机制制定文化产业竞争力提升计划，充分利用江苏各类文化资源，系统性、深度化挖掘底蕴、内涵和价值，带动旅游、影视、出版、演艺、休闲、娱乐等相关产业发展，实现文化资源多次开发，多重产品、多种收益，形成既满足市场需求、又彰显地域特色，具有广泛影响力的江苏文化符号。实施江苏文化市场主体培育工程，支持国有骨干文化企业改革发展，引导各类所有制企业以多种形式投资文化产业，培育壮大一批产权清晰、经营灵活、竞争力强、经济效益和社会责任有机统一的骨干文化企业。推动文化和旅游融合发展，打造一批国家文化产业和旅游产业融合发展示范区，培育一批富有江苏文化底蕴的世界级旅游景区和度假区，建设一批文化特色鲜明的国家级旅游休闲城市和街区，发展红色旅游和乡村旅游。
江西	十四五末，文化和旅游公共服务设施更加健全，文化和旅游公共服务供给更加丰富，文化和旅游公共服务效能更加彰显以及文化和旅游公共服务机制更加完善。

续表

省市	规划目标
宁夏	一是繁荣发展文化事业。通过持续推进艺术创作繁荣发展，不断提升公共文化服务水宁夏平、大力推进文化遗产保护传承利用，努力实现文化大繁荣大发展。二是培育壮大文化产业，通过促进文化产业结构升级、激发文化市场主体活力，发展文化产业园区基地，优化文化产业发展环境，努力实现文化产业增加值大幅度提升。
山东	实施文化产业数字化战略，培育数字文化产业主体，加快发展新型文化产品、业态和消费模式。大力培育创意设计、短视频、IP生产和运营、游戏等新兴产业。
辽宁	完善文化产业规划和政策，扩大优质文化产品供给，实施文化产业数字化战略，加快辽宁发展新型文化企业、文化业态、文化消费模式，不断健全结构合理、门类齐全、科技含量高、富有创意、竞争力强的现代文化产业体系，推动我省文化产业跨越式发展。
山西	"十四五"期间实现山西省文化和旅游产业融合更深、实力更强、结构更优，品质更高的发展目标。
陕西	到2025年，陕西省文化产业增加值占生产总值比重达到3.5%以上。到2025年，全省旅游总收入突破1万亿元，旅游总人次达到9亿人次，形成文化旅游万亿级产业板块。
上海	公共文化服务体系和重大文化体育设施布局更加完备，现代文化创意产业体系和文化上海创新发展生态持续完善，文化旅游体育深度融合发展，文化品牌标识度更加鲜明，人民精神文化生活不断迈上新台阶，具有世界影响力的社会主义国际文化大都市建设取得新突破，城市文化创造力、传播力、影响力显著增强。
浙江	努力打造新时代文化高地。以党的创新理论为引领的先进文化。以红船精神为代表的浙江红色文化，以浙江历史为依托的优秀传统文化，以浙江精神为底色的创新文化，以数字经济为支撑的数字文化全面繁荣发展，公共文化服务体系和文化产业体系更加健全，文化和旅游深度融合，文化及相关产业增加值达到6400亿元。
重庆	到2025年建成"一中心四高地"的愿景目标。其中"一中心"即建成国家文化产业中重庆心城市，"四高地"即打造数字文化产业创新高地、文化艺术时尚创意高地，文化产业和旅游产业融合发展高地、文化用品装备研发制造高地。

整体来看，我国各地文化创意产业发展时间虽然不长，但各地能够依托本土特点，因地制宜，发展出独具一格具有当地特色的文化创意产业。近年来，我国文化创意产业发展势头良好，发展速度迅猛，并在时代变迁与产业交流合作中不断调整优化，成为我国经济发展的新动力。

第二节 传统制瓷业困境催生陶瓷文化创意产业发展

传统制瓷业普遍存在高能耗、高污染问题。据统计，我国陶瓷产业每年生产耗费至少三千万吨煤、两亿吨矿物原料，综合能耗高于全国平均水平，对环境造成了严重污染。随着国家对环境保护的重视程度不断提高以及国内市场竞争的加剧，这些企业在销售价格、节能减排和环保等方面的压力与日俱增。与此同时，传统制瓷业陶瓷产品在国际市场上面临着一系列的挑战和压力，在国际市场上呈现口量与出口价同低的现状，究其原因：一是由于产品价格低廉、产品质量低以及生产工艺落后等原因导致出口市场竞争力下降；二是国际贸易保护主义和国外反倾销政策制约了企业出口业务的发展。如果陶瓷产业长期处于一个高代价换低利润的模式，不仅无法为国家经济发展带来物质收益，还会给国家生态环境带来严重的破坏，制约我国陶瓷产业的成长。

在现代陶瓷产业中，越来越多的企业将重心投放到了产品的创意研发、存储运输、采购营销和售后服务等方面，这与文化创意产业类似。文化创意产业和传统陶瓷产业结合能够在使用价值的基础上赋予传统陶瓷更高的艺术和文化价值，从而提高产品的附加值和利润。因此，近年来文化创意产业和陶瓷行业之间的互动联系愈发紧密，彼此的依赖也越来越强。这种趋势本质上是一个循序渐进、从分离到融合、从独立到互动的过程，这个过程将进一步促进陶瓷行业和文化创意产业之间的有机结合，进而形成完整的生态系统。

随着文化创意产业和陶瓷产业的融合演进，传统的行业界限变得更加模糊，"信息—知识—技术—文化创意"的平台变得更加清晰。在这个平台上，一家文化创意公司可以把劳动分工中的各个环节串联起来，使传统的陶瓷行业由简单的"生产服务"向"文化创意"转型。这一转化将促进文化创意产业渗透到陶瓷生产的早期、中期和后期各个环节。如在研发阶段，把陶瓷产业从传统的"生产服务"转变为"文化创意"；在设计管理阶段，把陶瓷产业从传统的"设计+制造"转变为"设计+制造+服务+体验+展示+销售"。

为了提高行业核心竞争力、满足消费者多样化需求，陶瓷企业往往成立独立的研发部门，提供定制化的设计与服务以满足消费者的个性化需求。这也使得陶瓷行业逐渐打破原有的界限，实现从仅向消费者提供产品和服务到提供综合解决方案转变。尤其当下，在新一轮技术革命和产业变革中，无论是需求还是技术都在不断更新，越来越多的消费者对产品提出了更高层次的要求，加工制造类陶瓷企业逐渐被文化创意类陶瓷企业所取代。陶瓷企业必须与文化创意产业相融合才能适应不断变化的市场需求和日益激烈的国际竞争，陶瓷企业需要找到自己的"蓝海"，实现差异化以保持竞争力。

与文化创意产业相融合正是传统陶瓷企业的新探索，具有以下重要意义：

首先，有助于陶瓷产业结构性调整。在"十四五"规划中，国家对"文化"进行重大部署，这是对文化创意产业在全球知识经济发展中的重要性和相关性的积极回应，对文化创意产业在世界范围内所发挥的作用具有重大意义。文化创意具有很强的统一性和交叉性，将其融入任何产业都能创造出强大生命力。文化创意产业与陶瓷产业相结合，能够极大地增加陶瓷产品的文化和知识含量，提高产品的附加值，提高陶瓷产业的品牌影响力和国际竞争力，并刺激陶瓷产业结构不断优化，从而促进陶瓷产业向高附加值产业的转型。

其次，有助于培育经济增长新引擎。文化创意产业是第三产业，而陶瓷制造是第二产业，二者的融合可以刺激产瓷区的服务业、餐饮业、旅游业、物流业等第三产业的发展，将当地的文化资源整合到陶瓷行业中，从而增加消费需求，促进消费模式的优化和更新，实现消费需求和陶瓷行业的良性循环与增长，促进社会和经济的发展。因此，积极发展陶瓷文化创意产业是实现科学发展观和转变经济增长方式的必然选择，也是中国陶瓷产业结构现代化的必然要求。

最后，有助于提升产瓷区城市形象。文化创意产业不仅仅是一个经济产业，更是一个构建城市身份认同和文化地标的重要渠道，文化创意产业对于城市形象的塑造和社会认可具有长远影响。陶瓷是产瓷区城市的重要历史文化名片，文化创意产业与陶瓷产业紧密融合能够整合和展示当地的陶瓷文化资源，创造出具有辨识度的城市文化符号。这些独特的文化标志不仅可以帮助产瓷区城市在国内外树立起独特的形象，还可以为城市带来经济和社会价值。同时，陶瓷产业和文化创意相融合还可以提供丰富的陶瓷文化体验活动，为产瓷区城市营造良好的社会环境和公共空间。

第三节 试验区建设为陶瓷文化创意产业发展提供新机遇

2019年，经国务院批准，景德镇市成立了由江西省人民政府牵头的景德镇国家陶瓷文化传承创新试验区（以下简称"试验区"）。景德镇是中国唯一拥有"千年瓷都"称号的城市，景德镇瓷器是让世界了解中国、让中国走向世界的重要文化载体。试验区作为全国第一个陶瓷文化类的国家级示范区，对于保障景德镇优秀陶瓷文化的传承与利用、发挥文化在产业转型升级中的积极作用、协调推进区域高质量发展至关重要。

2019年8月，国家发改委、文化和旅游部印发了《景德镇国家陶瓷文化传承创新试验区实施方案》。在该方案中，试验区的定位是：国家陶瓷文化保护与创新基地、世界知名陶瓷文化旅游目的地、国际陶瓷文化交流合作贸易中心。根据实施方案，试验区有两大发展目标：一是到2025年，试验区建设取得初步成效。初步建立起陶瓷文化的传承保护创新机制；建立完善的陶瓷科技研发平台、产业技术创新联盟和人才培养基地；探索"陶瓷+旅游"的发展路径；推动陶瓷文化的保护传承、创新发展、国际贸易合作的一体化体系建成。二是到2035年，试验区建设基本完善。建成全国领先、世界一流的以陶瓷为特色的国家重点实验室群、国家级科研机构、国家级重点研发机构和高水平科技人才集聚地，成为全国重要的人文新城和具有重大影响的世界陶瓷文化中心。此外，陶瓷文化创新体系和保障机制也将得到完善，让陶瓷文化对经济社会发展的引领作用提质增效，基本形成新的动力转换模式，使陶瓷文化的国际影响力普遍提高，成为"一带一路"国家文化交流的重要载体，展示出中国陶瓷文化的独特魅力。

从试验区的定位和发展目标中可以明显看出,"陶瓷文化"与"产业"的紧密结合是试验区建设的主旋律,这无疑将对陶瓷文化产业的发展形成极大的助推效益。

在试验区建设的诸多政策性文件中,均对陶瓷文化创意产业的发展提出了具体方向和促进意见,具体如表 1-3-1 所示(表 1-3-1 源自:作者根据有关资料整理绘制)。

表 1-3-1 "试验区"建设中促进文化创意产业发展相关政策梳理

政策性文件	时间	涉及内容
《景德镇国家陶瓷文化传承创新试验区实施方案》	2019 年 8 月	发展文化创意和设计服务。支持试验区享受国家服务业试点城市延续政策。大力发展文创产品研发和创意设计,推进人文、科技、时尚等元素融入陶瓷,引进培育知名陶瓷设计企业,建设国际设计谷,推动传统设计向高端综合设计服务转变。培育从事文化创意和设计服务的产业集团和产业联盟。依托景德镇陶瓷大学和浮梁县湘湖镇,建设创新创业、创客云集的"陶大小镇"。
《景德镇国家陶瓷文化传承创新试验区建设 2020 年前工作要点》	2019 年 11 月	加大文创产品研发和创意设计力度,建成洛客国际设计谷项目,推进古坊群、陶溪川文创街区二期工程建设,指导陶溪川文创街区创建国家级文化产业示范园区。推动"八大美院"共同在景德镇建立创作中心,搭建文化交流合作平台。(景德镇市、省文化和旅游厅、省教育厅按职责分负责) 打造人才新平台。规划建设集陶瓷人才培养、陶瓷艺术创新、陶瓷创客创业、陶瓷文化产学研为一体的"陶大小镇"科教园区。

续表

政策性文件	时间	涉及内容
中共江西省委江西省人民政府关于贯彻《景德镇国家陶瓷文化传承创新试验区实施方案》的意见	2020年2月	发展文化创意和设计服务。实施"陶瓷+""文化+""创新+"行动。大力发展文创产品研发和创意设计,支持引进培育知名陶瓷设计企业、产业集团和产业联盟,支持建设国际陶瓷设计谷,推动传统陶瓷设计向高端综合设计服务转变。以现有陶瓷产业集聚园区为空间载体,加快发展陶瓷文化创意产业。
《景德镇市陶瓷文化传承创新条例》	2021年10月	第三十八条市、县(市、区)人民政府应当鼓励和支持陶瓷文创产品研发和创意设计,加强设计人才和陶瓷企业的产学研联合,推动陶瓷设计及创意产业集聚。

试验区建设对陶瓷文化创意产业的发展将会产生以下几点积极影响:

第一,为陶瓷文化创意产业发展提供政策倾斜。

与传统的陶瓷产业相比,景德镇陶瓷文化创意产业是随着市场经济的不断发展而出现的一个新的陶瓷类产业。新产业在发展过程中,最主要的需求是得到政府的保护和支持。在技术层面,已有的技术链极易对新兴行业产生排斥,新技术如果缺少政策在配套设施方面的扶持便难以得到推广;在市场层面,新兴行业初期仅能在几个重要的小众市场中得到试行、检验与成长,因此需要国家为新兴行业留出缓冲空间,这也是战略性小众行业经营的重要环节;在制度层面,随着该行业的发展,原有技术范式与新技术逐渐不相匹配,与新技术发展相关的金融、专利等制度规则也尚未形成,因此,新技术的发展需要政府推动更新,市场规范和技术标准的监管规则也需政策的支持和指导。总而言之,技术和市场的不成熟决定了新产业难以在短时间内成熟,加之制度框架的不完善,制约了新产业发展,这些都需要政府积极干预和指导。

在试验区建设的整体方案中,着重提及陶瓷文化创意产业的发展方向:"发展文化创意和设计服务;支持试验区享受国家服务业试点城市延续政策;大力发展文创产品研发和创意设计,推进人文、科技、时尚等元素融入陶瓷,引进培育知名陶瓷设计企业,建设国际设计谷,推动传统设计向高端综合设计服务转变。培育从事文化创意和设计服务的产业集团和联盟。依托景德镇陶瓷大学和浮梁县湘湖镇,建设创新创业、创客云集的'陶大小镇'。"从中可看出,陶瓷文化创意产业的发展是试验区建设重点内容之一,未来陶瓷文化创意产业发展将获得持续性的政府政策支持,试验区建设中政府的政策倾斜对于现阶段在技术、市场和相关制度体系尚不健全的陶瓷文化创意产业的未来发展具有很好的推动作用。

第二,为陶瓷文化创意产业发展提供融资、财税支持。

财政政策是政府为实现既定的经济目标而制定的指导财政分配活动和处理各种财政分配关系的基本准则。税收优惠政策是指一国政府在干预经济和实现宏观经济目标的过程中,通过对市场参与者的物质利益调节,在一定程度上干预市场机制的运作,并通过某些财政政策措施,为实现产业发展目标提供有约束力的激励。两者均为国家干预经济,是实现宏观经济目标的工具。政府的财税优惠政策,将改变产业之间的初级资源分配状态,支持和鼓励某些特定产业的发展,从而促进产业结构重组和现代化转型升级。在试验区建设方案中明确提出要加大对试验区内企业的财税支持力度,主要包括税收减免、直接补贴等方式。例如,针对销售自产传统手工技法制瓷产品的企业,按简易办法征收增值税;针对研发力度大、科技创新程度高的企业,享受高新技术企业、研发费用加计扣除等。

陶瓷文化创意产业是市场经济条件下形成的一种新业态。在市场经济条件下,稳定的投融资市场体系是有效融资的前提和保障。制定对陶瓷文化创意产业的金融扶持政策、建立稳定的文化领域投融资市场机制,是现阶段缩小陶瓷文化创意产业融资缺口的关键要素。试验区建设方案明确提出,通过现有的中央预算,拓展资金筹措渠道,加大对试验区基础设施建设的投入;通过国家相关专项基金安排,支持陶瓷行业创新公共研发;通过政府购买的服务方式满足陶瓷行业基础技术装备和技术改造领域应用的要求;推动相关公共投资基金参与设立景德镇陶瓷文化产业引导基金;鼓励金融机构按照风险可控、商业可持续的原则，加大对陶瓷文化产业重点项目的金融支持；积极利用与陶瓷有关的知识产权质押等创新融资方式；鼓励保险公司和资产管理公司与试点地区的企业合作；支持试点地区的中小企业担保机构与省级融资担保公司直接合作。以上方案无疑对改善陶瓷文化创意企业融资难问题，以及推动陶瓷文化创意产业发展，具有重要促进意义。

第三，为陶瓷文化创意产业发展提供人才保障。

人才是推动产业发展的生命之源和核心动力。习近平总书记曾多次强调"人才是第一资源"。对于将个人的智慧和创意转化为生产力的陶瓷文化创意产业来说，人才更是其发展不可或缺的灵魂。文化创意产业发展源于知识经济、人力资本和科学技术的互动，陶瓷文化创意产业发展离不开人才。纵观全球文化创意产业发达的城市，这类城市的特点是均有大批高素质创新创意人才的聚集。如北京、上海等一线城市文化创意产业的发展较早，发展速度较快，重要原因在于这些城市集聚了众多富有拼搏精神和现代管理理念、掌握新技术新创意的高素质人才。

产业发展，人才先行。加强陶瓷人才队伍建设是景德镇国家陶瓷文化传承创新试验区建设中的重要内容。在试验区建设方案中明确提出要"激发陶瓷人才创新创业活力""加大陶瓷人才引进力度""大力培养陶瓷后备人才""建设国际陶瓷人才研学游中心，加强陶瓷人才国际交流合作"等内容，陶瓷人才队伍的规模壮大与结构的优化，将会为陶瓷文化创意产业的发展注入发展新活力，对陶瓷文化创意产业的发展具有长期而深远的意义。

第四节　数字经济快速发展助推陶瓷文化创意产业发展

从全球来看，全球经济已经迈入数字经济时代，互联网、云计算、大数据、虚拟现实、人工智能等新一代信息技术的创新，为我国文化产业的创新发展提供了新的历史机遇。数字经济的兴起和快速发展为陶瓷文化创意产业实现创新增长和提升国际竞争力注入了新的动力。

首先，数字技术的广泛应用促进了陶瓷文化创意产业的数字化转型。数字技术，如云计算、大数据、人工智能、虚拟现实等，为陶瓷文化创意产业提供了在创作、生产、传播、分销等方面的全新工具和平台。通过数字化，陶瓷文化创意作品可以更高效地创造、生产、保存、传输和消费，极大地拓展了文化创意产业的边界和潜力。

其次，数字经济为陶瓷文化创意产业带来了全球市场和全球合作的机会。数字化的特点使得陶瓷文化创意产业能够轻松地跨越地域和国界的限制，将陶瓷文化创意作品传送到全球消费者面前。通过数字平台和在线市场，文化创意产品可以迅速传播和销售，与全球消费者建立联系，实现跨国合作和市场拓展。

此外，数字技术将促进陶瓷文化创意产业新兴业态和创新商业模式的涌现。数字技术赋予了陶瓷文化创意产业更多的表达方式和交互方式，推动了文化创意创新的发展。例如，通过虚拟现实和增强现实技术，陶瓷文化创意产业可以创造沉浸式和互动性更强的艺术和娱乐体验。通过数字平台和社交媒体，个人和小型创意团队可以更容易地与观众和用户进行互动，实现创意和需求的精准匹配。

第二章 文化创意产业集聚与文化创意产业园的发展

本章主要就文化创意产业聚集与文化创意产业园的发展问题进行论述，主要从五个方面展开研究：产业"集聚"与文化"集聚"、文化创意产业园的界定、文化创意产业园的分类与特点、文化创意产业园的建设成效、文化创意产业园发展存在问题。

第一节 产业"集聚"与文化"集聚"

文化产业集群是文化产业发展过程中逐步出现的一种现象，学术界对它的研究大致分为两个方向：一是从人口、地域和相关产业角度对"产业集聚效应"进行探索；二是通过文化类产品定位、设计、生产、氛围营造等方面对产业的文化和商业价值进行分析，如图2-1-1所示（图2-1-1源自：作者根据有关资料整理绘制）。

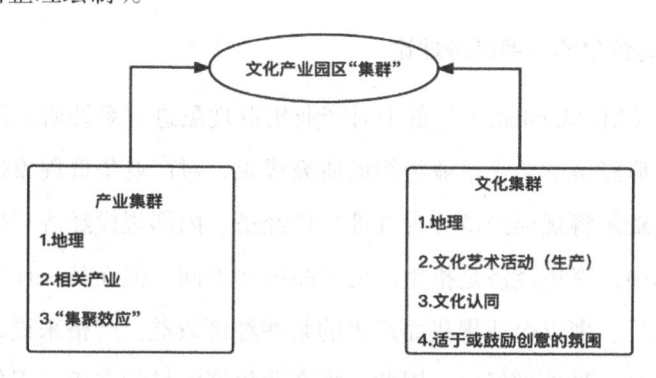

图2-1-1 文化产业园区"集群"效应示意图

所谓集聚效应，即在一定的地理空间内将有关联性的企业集聚，以获取较低的交易成本和较强的外部经济，进而形成显著竞争优势的效应，这种效应也能对社会、经济、政治和文化产生正向影响。构成产业集群的不同公司和机构相互作用，能够创造不同的产业优势。在产业内部，各公司协同共生，互惠共赢；在产业外部，各公司可以相互合作，为客户提供更具竞争力的产品和服务。由于集群具有地理优势，所以产业集群能够比分散的中小企业更快地发展起来。根据哈佛商学院教授迈克尔·波特（Michael Porter）的观点，这种集群的特殊优势在于：地理上的接近使产业集群内的公司虽然存在竞争关系，但更重要的是，公司可以分享信息和技术，从而减少交易成本。如果一家公司在某个地方发展时间长，那么它更可能与本地的产业集群联系起来。产业集群将这些孤立的公司连接在一起，可以促进创新，增加资本投资并最终促进相关产业的发展。

在产业集群中，除了主导产业的核心企业之外，还有为核心企业提供辅助服务的其他产业的企业和机构。这些关联产业和机构之间，既存在着相互竞争，又存在着相互协作的关系，如此才能获得企业和产业的竞争优势。波特根据产业集群效应的特点将优势归纳为提高生产效率、提高创新效率和促进集群壮大三个方面。

一、产业经济"集聚"效应

（一）马歇尔的外部经济理论

马歇尔（M. Marshall）是首个对产业集群现象进行系统研究的学者。他借鉴了新古典经济学关于产业组织的研究成果，对产业集群现象进行了深入的分析。马歇尔将规模经济分为外部规模经济、内部规模经济和聚集经济三个类别。其中，聚集经济是指生产的产品虽然不同，但在某一环节又共同指向的多个工厂、多家企业聚集而产生的某些经济效益。严格来说，这种聚集经济本身也是一种外部经济，因此，将企业集聚的目的在于实现外部规模经济效益。此外,马歇尔还提到,当一个企业利用其地理位置上的集中性时,企业便可以使生产成本处于最低的水平,并且企业在内部无法达到的规模经济,可以通过外部来获取,这一理论被称为"外部规模经济"理论。后来,马歇尔对这一理论进行了修改和完善,将"外部规模经济"改为"外部经济性"。马歇尔认为,产业集聚的本质是将同一类型的中小型生产者聚集在一起,以便这些企业在生产过程的不同阶段根据各自的专业优势进行生产,实现规模大的企业所特有的经济效益,也就是说,产业集聚是由内部规模经济驱动的。马歇尔将产业集聚定义为"特定地理区域内(通常是工业地区)企业、机构和基础设施之间存在联系而产生了规模和范围经济"。马歇尔关于集聚经济的见解在今天仍然具有重要意义。

(二)韦伯的工业区位理论

德国的经济学家阿尔弗雷德·韦伯(Alfred Weber)于1909年在其《论工业区位》一书中,对工业企业空间位置选择的工业区位理论进行了较为系统的阐述。韦伯认为企业是否集聚取决于集聚带来的效益和所需的成本之间的综合衡量,如果效益高于成本,则会形成产业集聚。韦伯指出,总费用最小的区位才是企业的最佳区位,而集聚可以减少企业的成本费用。

(三)科斯的交易费用理论

诺贝尔经济学奖得主罗纳德·哈里·科斯(Ronald Harry Coase)运用交易费用理论较好地解释了产业集聚的成因。科斯认为企业和市场都是一种资源配置机制,它既可以相互替代,也可以相互补充,当市场的交易费用太高时,企业作为代替市场的新型交易形式应运而生。交易费用决定了企业的存在,企业又决定了不同组织方式的选择。因此,企业采取不同的组织方式最终目的是为了节约交易费用。科斯指出,由于产业集群内企业众多,可以增加交易频率,降低区位成本,使交易的空间范围和交易对象相对稳定,这些均有助于减少企业的交易费用;同时聚集区内企业的地理接近,有利于提高信息的对称性。在此基础上,他进一步分析了产业集群内企业的组织方式:"一个产业集群内有众多企业存在时,可以使交易对象趋于稳定;当一家或少数几家企业在集群内拥有相对固定的生产、营销或管理场所时,这类集群将会成为一种独特而稳定的组织形式;当这种组织形式为政府所利用时就形成了政府机构。"

(四)克鲁格曼的新经济地理学理论

20世纪90年代,以保罗·克鲁格曼(Paul Krugman)为首的"新经济地理学"对产业集聚这一现象进行了较为合理的解释。克鲁格曼提出,产业集聚是规模收益增加、运输成本和生产要素的流动性三者之间相互作用的结果。克鲁格曼认为历史事件也是形成集聚不能忽视的重要因素。其主要理由包括:首先,在一个地区先有一家企业做得好,随后企业逐渐集中,第一家企业的出现可能是随机的历史事件。其次,在一个地区先有一家企业做得好,之后会有更多、更强的企业来此聚集。再次,历史事件可以为集聚提供新路径。最后,由于历史事件往往可以使地理上分散或集中的地区在经济上产生互补效应,从而增加集聚地区的范围和规模。

(五)波特的竞争优势理论

哈佛商学院教授迈克尔·波特在(Michael Porter)1998年发表的《集群与新竞争经济学》对产业集群理论做了第一次系统描述。该著作将产业集群定义为在一个特定行业中相互联系的、地理位置上集中的企业和机构的集合。

产业集群是由一群在竞争中发挥重要作用的相关产业和其他公司组成的,迈克尔·波特认为集群与竞争之间存在着三个方面的联系:首先,集群内的企业通过其在集群内的生产力影响非集群内企业;其次,集群内企业通过低成本的技术创新为未来的增长创造基础;最后,集群企业可通过新企业的进入扩大集群规模、提升集群的综合实力从而为企业未来的进一步发展奠定基础。因此,集群可以起到提升企业竞争力的作用。

综合学术界关于集群的理论探讨，对产业经济领域学主要学者关于产业集聚相关理论进行了梳理，具体如表 2-1-1 所示（表 2-1-1 源自：作者根据有关资料整理绘制）。

表 2-1-1 产业经济中"集聚"效应研究理论图

经济学家	主要理论	"集群关键因素"
马歇尔（19 世纪美国经济学家）	外部经济理论	地理接近性 中小企业合作，规模效应
阿尔弗雷德·韦伯（《论工业区位》1909）	工业区位理论	技术设备的发展、劳动力组织的发展 市场化因素、经常性开支成本
罗纳德·科斯（《企业的性质》1937）	交易费用理论	降低交易费用 提高信息的对称性
克鲁格曼（20 世纪 90 年代）	新经济地理学	经济联系导致集聚：规模报酬递增、运输成本和生产要素移动
迈克尔·波特（《集群与新竞争经济学》1998）	竞争优势理论	组织变革 价值链 经济效益 柔性特征

二、文化"集聚"效应

对文化集群的讨论，比产业集群的讨论要晚很多，这是由于在街区、公益性展览馆、博物馆等传统文化场所的开发中，文化产业开始自发地形成了聚集现象。在文化设施的经济价值日益凸显的同时，人们也在考虑怎样才能使传统文化场所更好地发挥作用，进而把研究目光投向了文化集群领域。英国在 20 世纪 90 年代开始了对于文化集群的系统性研究，而我国则从 1998 年开始对文化产业集聚区的概念进行关注。

从集群理论的角度来看，产业集群具有较强的规模经济和聚集效应。在文化创意产业发展的最初阶段，它对规模效应和集群效应有着非常强的依赖性，文化创意产业的发展不仅仅是个体或单个企业的独立活动，它的发展需要汇集专业人才队伍和整个企业集群的力量。

创意人群对工作和生活的环境有着独特的要求，而且创意人群间具有很强的相互吸引力，所以如果城市的某个地方达到了他们的要求，那里也许就会成为创意人群的聚居地，并通过他们之间密切的交往和创作活动而逐步形成创意圈。随着该地区的不断发展，其影响力和知名度会逐步增强，越来越多的相关企业和机构也开始进驻该地区，进而推动该创意围的进一步扩大。政府为了该地区文化和经济的进一步发展，会提供资金和政策支持来改善当地的基础设施建设，成立行业协会等，以期打造本土的文创品牌，来促进本地文创产业的发展以及产业集群的打造。

文化创意产业能够推动城市复兴，在国内外学术界观点中认为发展文化创意产业通常具有以下效果：一是刺激经济多样化和创造就业机会；二是促进经济发展中的创新和创意；三是对环境的友好性；四是防止地方收入的流失；五是通过改善地方形象促进地方营销；六是通过鼓励参与艺术和文化活动，提高社会凝聚力和生活质量。正是由于上述优势，许多西方城市都在大力实施文化创意产业的发展战略，国内外文化创意产业发展实践证明集群是发展文化创意产业的有效路径。

文化创意产业园是集制造、商业、休闲、居住等多功能于一体的集群。这类集群具有鲜明的文化形象，对外界具有一定的吸引力，并在园区内形成由文化创意产品"生产—流通—消费"的产业链组合。文化产业园区大致有以下几个主要特点：第一，园区内有一个文化创意产业集群，集群内企业基于分工协作关系，形成较为完善的产业链；第二，园区内形成了资源的集聚效应，不仅包括人才、技术、资金等各种物质资源的积累，还有经验、创新思维和行业洞察等知识资源的交流和共享；第三，园区内有完善且富有成效的服务平台，为园区内企业提供专业化支持。

文化创意产业园作为一个特殊的文化产业集群，通常会产生以下四个方面的集聚效应：

第二章 文化创意产业集聚与文化创意产业园的发展

第一是共生效应。共生效应是指文化创意产业园内部的文化产业企业及相关机构相互依存、相互促进，在资源共享、创新合作、市场协同等方面发挥着协同效应。首先，由于地理位置上的集中，文化集群中的企业与机构可以通过资源共享实现协同发展。集群成员之间可以共享人力、物力、财力、市场信息等资源，降低运营成本，提高经济效益。其次，文化创意产业集园内可以通过创新合作实现规模经济效应。在文化创意产业园中，各个企业和机构之间可以进行业务合作、项目合作等形式的合作，共同承担风险、分担成本，实现规模经济效应。此外，文化产业集群可以通过市场协同实现品牌效应。集群中的企业和机构互相借力扩大市场份额，提高品牌知名度。文化创意产业园成员可以通过组织共同推广活动、参加展览展销等形式的合作，增强文化创意产业园的整体影响力。

第二是知识溢出效应。文化创意产业园通过集聚文化创意企业和机构，促进知识的共享、创新和转移，从而产生积极的影响和扩散效应。首先园区内企业有着相似行业背景和专业知识结构，园区内的企业和机构可以通过举办行业研讨会、交流会等形式的活动，促进知识的传递和沟通。在这种集聚环境下，从业者可以相互学习，分享最新的技术和市场动态，形成行业共同的知识基础。其次，企业之间联系紧密且互补性，它们能够充分共享技术、信息、人才、政策、基础设施等资源，在这些共享资源和设施的支持下，文化创意产业园内的从业者可以进行跨领域的合作和创新实验，促进知识的交叉融合和新的创意产生。第三，文化创意产业园内企业可以在竞争中相互学习和借鉴，从而获得规模经济。这种规模经济使得产业集群内的企业获得了与其生产规模相适应的经济效益，从而大大提高整个产业集群的竞争力。第四，文化创意产业园通过组织各种交流活动和展览展示，促进知识的扩散和传播。园区内举办的文化创意展览、艺术节、创业大赛等活动，为企业和机构提供了展示自身成果和交流合作的机会，进一步加强知识的传播和影响力。

第三是吸聚效应。吸聚效应是指文化创意产业园能够不断吸引、聚集外来企业、组织和个人加入。首先，文化创意产业园能够吸引大量的创意人才和相关企业在园区内聚集。作为一个专业化、优秀的创意产业孵化基地，文化创意产业园能够提供完善的配套设施和便利服务，以此吸引大量优秀的创意人才和相关企业。这些人才和企业汇聚于文化创意产业园，互相交流、合作，共同成长。其次，文化创意产业园作为一个集聚资源的平台，能够吸引大量的外部资源进入园区。例如，政府部门、投资机构、商业银行等都会向文化创意产业园提供扶持政策和资金支持，进一步增加文化创意产业园的吸引力。同时，文化创意产业园还可以吸引其他行业的企业和机构进驻，形成产业链的完整性和深度融合，提升整个文化创意产业的竞争力。最后，文化创意产业园还能够吸引相关的文化活动和展览活动。园区组织丰富多样的文化活动、展览和演出等，吸引大量的观众和参与者。这些活动不仅能够促进文化产业园内企业的业务发展，也能提升整个产业园的知名度和吸引力，进一步吸引更多的资源和人才向文化创意产业园聚集。

第四是创新效应。文化创意产业园作为一个专注于培育和促进文化创意产业的产业集群，具有显著的创新效应。首先是产业集聚形成了竞争压力，文化创意产业集群中聚集的业务相似的企业间存在着激烈的竞争，它们需要不断地调整自己的策略和方法，不断进行创新，从而获得更多的资源和机会，达到提高自身竞争力的目的；其次是园区内汇集了富有创意思维创业人才，创意人才在彼此之间的交流与碰撞中激发了创新的火花。此外通过合作与资源共享，企业能够共同推动产品、服务和商业模式的创新，提升整个产业园的创新能力。

三、文化创意产业集群和传统产业集群的差异

从表面上看文化创意产业集群和传统产业集群存在相似性，但两者之间存在本质区别。我们只有将两者界定清楚，明晰二者之间的区别，才能制定出更适合文化创意产业集群的发展策略。具体来说，文化创意产业集群和传统产业集群在以下五个方面存在不同：

第二章　文化创意产业集聚与文化创意产业园的发展

第一，传统产业集群更注重于量的生产和效率，价值创造主要基于资源的利用效率和成本控制。因此，有效、统一的管理以及紧密的联系在传统产业集群中尤为重要。相较于传统产业集群，文化创意产业集群更注重产品和服务的创新性、独特性和文化渗透，价值创造主要依赖于知识、创意和文化内涵的增加。对文化创意产业集群来说，具有开放多元特征的松散型联系才符合文化创意产业集群持续发展的需要。

第二，传统产业集群的组成成分相对单一，而文化创意产业集群的组成成分更加多元化。传统产业集群主要依托产业链上下游关系在一定的地理区域内形成相关工厂和企业的聚集，是一种相对封闭的产业生态系统。相比之下，文化创意产业集群的构成不仅包括了文化创意产业的核心企业，如设计公司、广告公司和文化传媒机构，还包括了相关产业的企业，如数字技术公司、互联网公司、各类文化机构等，是一种开放的多元化生态系统。

第三，文化创意产业集群和传统产业集群在形成模式上存在区别。传统产业集群更多指的是企业在数量上的聚集，并以此为基础形成一种聚集效应；而文化创意产业的聚集，则是一种以创新人才为核心的聚集，进而以吸引相关企业集群。所以，发展一个文化创意产业集群首先要有一个良好的环境和条件，只有这样能够吸引到优秀的创意人才。如果一个地区能够吸引大量的创意人才，那么这个地区就会有很多的生机，也会有很大的商业机会，相应的公司和机构也会随之而来。

第四，文化创意产业集群和传统产业集群在地理区位的选择上存在区别。基于产品、原材料等运输便捷等因素考虑，传统产业集群一般会选择在交通运输便利的地方。而为了节约生产成本，传统工业园区的建立还会选择在人工成本较低的地方，在城市中则会选择租金较低的郊区。而文化创意产业集群的选择角度不同，因为文化创意产业发展过程中需要大量的创新型人才，文化创意产业通常都会将其集聚区选择在一个经济较为发达、历史和文化资源较为丰厚、文化素质较高、知识人口较多的地区。

第五，文化创意产业集群和传统产业集群在园区的功能和开放程度方面存在区别。传统产业集群的园区重点在于促进生产、研发和营销等产业链上的一体化，而由于文化创意产业集聚区占地面积相对较小，因此通常更侧重于展示和推广等方面的定位，创意产品的创作和生产环节可能分布在集聚区之外。另外，文化创意产业园具有展示窗口的性质，集聚区更具有公开性和公众性，普通市民和游客均可自由进入参观。传统园区由于强调生产和研发，加之该类企业在生产环节可能涉及商业机密，所以通常不开放给公众参观。

第二节 文化创意产业园的界定

文化创意产业的发展因为"创意产业"概念的引入而得到推动。英国的创意产业工作组早在1998年就对创意产业做出了定义。该创意产业工作组将"创意产业"定义为："产生于人们的创造力、技能和才能，并能通过开发和利用知识产权创造财富和就业机会的产业。"基于该定义，工作组又将十三个行业归为创意产业。

在2006年，北京市政府将文化创意产业定义为：文化创意产业从文化创意产业和文化产业中衍生而出，是指以创作、创造、创新为根本手段，以文化内容和创意成果为核心价值，以知识产权或消费为交易特征，为公众提供文化体验的、具有内在联系的行业集群。

文化创意产业注重文化的基础地位，但对文化资源的开发并不意味着对已有文化的简单复制，而需要对其进行"二次生产"，并在已有文化的基础上进行创新，进而产生新的创意。在文化创意产业中，创意是最重要的因素，也是最重要的支撑。创意由人创作而形成，因此为提供创意的创意人员在园区内建立一个自由的创作环境是发展文化创意产业的必要条件。

联合国教科文组织在《关于文化和创意产业的国际公约》中给出了文化产业的定义："按照工业标准生产、再生产、存储以及分配文化产品和服务的一系列经济活动。"它是以盈利为目，并通过商业模式组织起来的一组经济活动，它主要追求的是经济利益而非单纯为了促进文化发展。

文化创意产业园，从本质上来看是文化创意产业"集聚"的一种形态，它依托行业和相关产业链之间的集聚效应来降低成本，产生社会、经济、文化等多方面的综合效益。随着文化产业的集聚作用在世界范围内得到广泛认可，建立文化创意产业园成为各地发展文化产业所采用的一种普遍措施。

第三节 文化创意产业园的分类与特点

近年来，国内文化创意产业园如雨后春笋般不断涌现，但由于我国的文化创意产业园发展尚处在起步阶段，所以目前对它的分类还不多。在此基础上，本书从区位依附和园区性质两个角度对文化创意产业园进行分类。

一、按区位依附分类

（一）以旧厂房和仓库为区位依附

伴随城市经济社会进步，城市中出现了被遗弃的废旧厂房和闲置仓库。旧厂房和仓库通常空间宽阔、租金低廉，但由于产业发展进步，难以被再次利用，需要再次改造，而建设文化创意产业园成为旧厂房和仓库再次获得生机的有效路径。国外众多文化创意产业园都是依托于老工厂、老仓库而建立起来的，如美国的一个非常有名的艺术区"布鲁克林区"，英国非常有名的文化街区"达明街"。这在国内也有众多成功实践。如我国的大山子艺术区是以北京朝阳区798厂旧厂区为基地建立起来的；上海近几年兴起的许多创意工业园，也都是对老工厂、老仓库进行改建的，如泰康路210号的"田子坊"创意工业园，就坐落在上海最具代表性的三十年代胡同式厂房中。这些文化创意产业集园区，利用现有废弃闲置建筑创造了文化创意产业发展的新空间，同时保护了历史文化财产，是文化产业与工业历史建筑保护、文化旅游相结合，建筑价值、历史价值、艺术价值和经济价值相结合的良好典范。

（二）以大学为区位依附

大学是科技创新的核心力量，它不仅培养和吸纳各类人才，还为科学研究提供了必要的场所，为科技创新创造了良好的环境。在大学里，教师可以将科研成果转化为现实生产力，从而促进科技创新；学生既可以享受丰富的教育资源，掌握科学知识和技能，还可以接触到来自不同国家和地区的不同文化，通过各种方式来激发自己的创意思维。大学作为一个文化创意的集聚中心，为学生和老师提供了一个良好的创新氛围，使他们更好地发挥自己的创造力和想象力，创造更高的价值。依托大学发展文化创意产业园是未来文化创意产业园发展的新方向。比如位于上海市杨浦区赤峰路的建筑街，是在中国知名学府同济大学的基础上建立的；上海市长宁区天山路的时装城，是以东华大学和上海市服装城为基础建立的。

（三）以开发区为区位依附

这一类文化创意产业园大多是以高新技术产业园区为依附。高新技术产业园区是一个具有丰富信息产业资源、高度发达制造业基础的区域。该区域在发展文化创意产业方面具有产业结构优势、人才优势和科技优势、创新优势等诸多优势条件，是文化创意产业发展和创新最适宜、最有活力、最有潜力、最有前途、最具竞争力的地方。如坐落在中关村高科技园区的中关村创新产业先导基地，坐落在大连市高科技工业园的"中国动漫产业"总部，坐落在上海浦东张江高新技术园区的张江文化科技创新产业基地等。

（四）以传统特色文化社区、艺术家村落为区位依附

这一类型的文化创意产业园主要分为两类：一是依托具有丰富文化底蕴的历史文化区域发展特色文化产业园区。例如，四川德阳的三星堆文化产业园、北京高碑店的传统民俗文化创意产业园等。二是依附于某些位于城乡接合部的艺术家村落。这类产业园区能够为艺术家们提供一个自由发挥的空间，

他们可以在这里进行艺术创作、展览、交流等活动，使他们能够更好地融入当地社区，也可以更好地与城市保持联系，如深圳的大芬村。

二、按园区性质分类

（一）产业型

产业型文化创意产业园是针对某一类或者多类文化产业的发展需求而设立的综合性园区，旨在促进文化产业与相关产业融合，推动经济转型升级。其特点包括：高度专业化与分工合作、紧密结合科技与创新、强调资源整合与共享、注重产业链条的完备性与协同效应。该类型园区通常具有完善的配套设施和服务体系，具备提供各类投资、孵化、培训等支持文化创意企业的功能。

（二）混合型

混合型文化创意产业园大多以科技类园区为主，在发展园区内优势产业的同时发展文化创意产业，促进文化创意产业与园区优势产业融合发展，彼此相互促进，共同成长。类似园区有上海张江文化创意产业基地、香港数码港等。

（三）艺术型

艺术型文化创意产业园是依托艺术与设计领域的创意活动为核心元素建设的园区，重点关注艺术表现、创造性思维与艺术价值的传递。该类型园区秉承艺术臻于生活的理念，鼓励艺术家、设计师与相关从业者进行交流与合作，寻求创新的艺术表达形式。这类园区以艺术创作活动为核心，园区为艺术家提供一个相对安静和舒适的创作空间，创意园区具有较高原创性，但在艺术产业化水平上存在一定欠缺。如北京的大山子艺术园区、青岛的达尼画家村等。

(四）休闲娱乐型

休闲娱乐型文化创意产业园是以休闲娱乐消费为目的，打造具有吸引力和娱乐性的文化创意空间。该类型的文化创意产业园致力于为公众提供创新、趣味和愉悦的文化消费体验，包括但不限于艺术表演、娱乐活动、主题公园等。这类园区通常具有浓厚的时尚和娱乐氛围，吸引着不同年龄层次和背景的人来进行休闲娱乐，并为企业提供一个展示创意产品和服务的平台。其中，以上海新天地和北京长安街最为典型。

（五）地方特色型

地方特色型文化创意产业园是在地区特色和传统文化基础上开展的文化创意产业的聚集区域。这种创意园通过挖掘和弘扬地方文化资源，以独特的元素、风格和特点吸引游客和投资者。地方特色型文化创意园着重于将地区历史、传统、民俗等文化元素与现代创意产业相结合，以创造独特的文化体验和产品。它不仅有助于保护和传承地方文化遗产，还可以为当地经济发展带来新的机遇和动力。这类园区通常覆盖面积较大，包括多个主题景点、展览馆、手工作坊以及与当地文化相呼应的特色商业区域。如北京高碑店的传统民俗文化创意产业园和潘家园古玩艺术品交易区等。

由于当前对于文化创意产业园进行分类的研究较少，而我国的文化创意产业园目前处于飞速发展状态，文化创意产业园的建设模式也在不断变化发展，所以以上对园区类型的划分只是基于目前的基本情况，未来对于园区类型的界定和划分还会更加完善。

第四节　文化创意产业园的建设成效

文化创意产业是在经济、文化和技术三种资源的相互融合中形成的，其融合程度更深、渗透性更强、辐射性更广。文化创意产业的发展，不是单纯依靠个人行为就能完成的，它需要不同个体之间基于地理集聚进行集体互动。

文化创意产业园是创意人员、相关企业和创意氛围在空间上的集聚体现。在我国，文化创意产业园的发展具有重要作用：一是有利于区域经济发展。文化创意产业园可以将区域经济发展与城市空间功能优化有机结合起来，并通过创新引领产业转型升级，促进区域经济的协调发展。二是有利于城市空间功能的优化。文化创意产业园作为一个城市公共空间，可以将城市中闲置、低效利用和分散的空间进行重新整合利用，实现资源利用效率和效益最大化。三是有利于文化资源的转化。文化创意产业园是区域内文化氛围形成的重要载体，其发展有利于将原有文化资源转化为经济资源，促进文化资源向经济资源转化。

一、创意产业的价值倍增效应

从传统的视角来看，创意产业的内涵十分有限，一般只指"纯艺术"或"纯艺术+商业"。事实上，创意产业的内涵极其丰富，除了个人消费者直接接触的创意产品外，还有大量的创意产品作为中间产品存在，满足了整个产业链的需求。在产业链的不同阶段同时进行有效创新，会在不同价值链的"创意组合"中产生意想不到的"指数效应"。从产业链各阶段对知识的要求来看，技术、资金、人力资源和市场都是非常重要的要素。这些要素不仅为产业链提供了必要的生产条件和基础设施，也为产业链带来了源源不断的创新源泉。首先，从空间上来看，文化创意产业园强大的聚集效应吸引了相关企业、专业人才、投资资本以及先进技术等一系列要素进入园区。这种集聚效应不仅使创意人才之间更容易相互激发、相互碰撞形成新思维，还促进了跨学科的创新合作，推动了文化创意产业的价值创造。其次，文化创意产业园作为一个开放的平台，能够促进创意和技术的交叉融合。在文化创意产业园中，创意人才和科技人才之间的融通与互动更为频繁，促使不同领域的思维碰撞和知识交流，激发更多的创新想法，并催生出具有前瞻性和市场竞争力的文化创意产品与服务。

此外，园区价值的指数效应还体现在园区内的知识交流与共享上。由于园区内创意人才的集聚，促进了创意人才的交流，鼓励创意人才在不同企业之间的流动，这在客观上必然促进了园区内的知识交流。且由于园区内创意人才的聚集，可以使他们之间形成一种良好的知识共享氛围，从而使得整个园区具有更强的凝聚力和创新性。在创意园区聚集的人中，还有相当一部分人在主观上希望与他人分享知识，或是为了寻找学习机会提高自己的能力，再或是为了发挥自己的才能，这些人在创意园区的聚集有利于促进园区内知识共享。

二、区域经济的协同增长效应

文化创意产业园的功能是孵化、先导与服务，文化创意产业与其他相关产业之间的有效融合，不但可以为自身的生存与发展打下基础，其中的产业集聚效应更是能够推动关联产业的优化升级。这种协同增长效应具体有以下方面表现：第一，创意产业园促进了城市居民的生活质量的改善，满足了人们对文化生活的需要；第二，通过文化创意产业的发展，推动了地方旅游业的发展，同时也推动了城市的基础设施的建设；第三，创意产业园的建设对促进区域经济发展具有重要意义，对拉动国内生产总值、增加财政税收、增加就业岗位等具有重要意义；第四，创意产业园的开发，对创新人才的需求量将不断增加，因此将促进与之相关联的教育与训练行业的发展。总之，由于创意可以渗透到许多产业部门，对其他产业部门产生直接和间接的影响，会产生一定的产业关联效果。

三、城市功能的优化提升效应

文化创意产业园对城市功能的优化一方面体现在园区发展对其周边地区基础设施改善、土地价格升值具有促进作用，另一方面表现在文化创意产业园推动了原有城市空间功能的增加和改变。这些效应具体表现在：首先，创意产业园周边都有大量"非正式"的场所，在场所内具有的高品质的文化环境和必备的物质条件，可以满足创意阶层之间在放松状态下的面对面沟通实现思想碰撞的需求。同时，创意产业园内大量具有混合性的功能空间也丰富了城市的用地类型。此外，创意产业园与生产性服务业密切相关，而生产性服务业是城市经济发展中一个新的增长点。从物质生产流程来看，制造业对厂房和厂房内部空间有较高要求；而在服务业中，无论是文化、旅游还是其他行业，对于外部空间环境均有一定要求。因此，与制造业相比，服务业更适合于创意产业园，生产性服务在园区内聚集发展，有利于丰富城市功能。第三，随着创意企业和创意人才在产业园区的集聚，园区内部和园区周边的基础设施和服务设施均不断发展完善。如园区周边停车场等基础设施的建设，园区内外各类咖啡馆、西餐厅等服务场所的不断涌现。

此外，文化创意产业园在城市国际形象的提升方面也具有一定的推动作用。上海有50个创意产业园，聚集了来自世界各地超过1000家的创意企业，也正是因为有了这一发展项目，联合国多次向上海的文化创意产业园派遣代表，对其进行考察，还首次在上海召开了创意产业大会。同样，北京798艺术区曾被美国《时代周刊》评为最具文化标志的城市艺术中心之一，这无疑对提升北京的国际形象发挥了重要作用。

由此可见，随着经济发展水平不断提升，文化创意产业正在成为推动城市可持续发展的重要驱动力。发展文化创意产业园，不仅提升了城市的人文环境、景观品质以及空间使用效率，更是传承与发展了整个城市的历史文化，有利于塑造城市的品牌形象和文化氛围。

四、文化环境的价值重塑效应

文化环境指的是某个区域在经过长期实践积累形成的一种在区域内普遍遵守的由地域、语言、文化、观念和习俗以及与之相匹配的物质条件组成的综合体。而文化创意产业园作为承载文化创意产业发展的特定空间，其所秉持的文化环境对于价值重塑具有重要影响。

每个地方都有独特的社会关系混合点，这些点承载着社会的建构、文化的记忆以及价值认同感。文化创意产业园往往位于城市非常具有历史或文化魅力的地区，如老工业区或历史建筑群等。通过将这些空间重新利用并塑造成文化创意产业园，可以促进区域内的历史文化和现代环境相融合，并将当地特色景观资源凝聚起来，利用现代手段进行展示。此外，可以为当地文化环境注入新的活力。例如，在南京市政府的推动下，由原总统府所在地周围的建筑组成的1912时尚街区，利用和开发民国丰富的文化资源，实现了历史文化遗产保护和利用的有机统一，从而让城市的记忆融入整体发展之中。

此外，文化创意产业园在营造城市文化创意氛围、提升城市文化认同感方面也有积极的作用。文化创意产业园作为文化产业的聚集地，通常集结了众多创意人才和相关机构。这种聚集效应可以促进不同文化群体之间的交流和互动，提升了城市的文化创意氛围，激发了参与者对城市本土文化的认同感。文化创意产业园提供了一个特殊的场所，使得艺术家、设计师、创业者等各类文化从业者能够彼此沟通合作，交流分享不同文化背景下的创意思维和艺术表达方式，这样的交流与合作对于培养和弘扬地方文化具有积极推动作用。

综合以上分析我们不难发现，创意产业园已成为促进创意产业发展的一种有效方式，在创建文化创意产业园时，各级政府应该按照文化创意产业独有的的特性和发展的规律，为其提供全面的政策支持。

第五节　文化创意产业园发展存在问题

近年来，我国文化创意产业园的发展呈高速发展的态势。然而，文化创意产业园在建设过程中也出现了诸多问题。主要表现为：文化创意产业园同质化严重、缺少主导产业、缺少自主知识产权、缺少有影响力的品牌、缺少创意人才队伍和领军人才、一些文化创意产业园被"异化"成为商业休闲园区和旅游购物园区；从经营状况看，许多园区盲目追求GDP，部分园区投入与产出比例失衡,企业处于负债开业状态。各地在文化创意产业园建设中存在的这些问题,集中反映在园区、市场和政府三个层面,下面本书将对其进行一一剖析。

一、园区层面的问题

(一)园区的定位问题

文化创意产业园的建设属于系统的建设工程,其建设需要紧跟国际上文化创意产业的发展趋势,从国家整体层面规划创意产业发展方向。因此,明确园区特色和发展定位是文化创意产业园发展的两大关键。

园区的发展定位涉及两个方面:功能定位和产业定位。从功能定位的角度看,许多地区在园区建设时,时常将文化园和文化创意产业园两者混淆,但它们之间实则存在本质的区别。文化园的功能定位主要是文化交流、展示、传播,不以盈利为运营目的,也没有形成高度的集聚效应,比如文化街区、文化展览区、艺术村等;而文化创意产业园的主要功能定位是带动产业发展的同时产生一定的经济收益。

从产业定位的角度看,文化创意产业园在对产业的选择方面和对园区内企业的引入方面明显存在盲目跟风倾向,缺乏主打的品牌性文化符号,"同质化"严重,没有依据园区所在地的地区经济特征和历史地理位置、社会文化等条件来确定园区的产业定位,尤其是在培育园区特色产业时,没有很好地把龙头企业的独特优势或比较优势转变为创意能力和品牌上的竞争优势,这就使得文化创意产业园没有自己的优势产业和主打品牌,竞争优势不明显。

(二)园区的集聚性问题

目前,我国的文化创意产业园集聚效应不明显,造成这一现象的主要原因是,园区内文化创意类公司较少。这些公司在园区内的集聚仅限于在地理空间意义上的集群,而不是进行产业集聚,公司之间的关联程度较低,没有形成一个完整的产业链。这反映出园区建设过程中，缺乏对产业和文化内涵方面的深入规划。此外，存在少数文化创意产业园在利益驱动下，放松了准入条件，容许非创意类企业入驻，造成了园区文化创意生态的破坏，造成了"空壳化""地产化"的局面。因此，必须克服文化创意产业园建设中的重硬件、轻软件，重经济效益、轻社会效益的政绩思维，尽快实现从数量型向质量型转变，有效发挥园区的集聚效应，促进文化创意产业内涵式发展。

（三）园区的公共服务问题

在园区的公共服务方面，许多园区存在信息交流平台、技术服务平台、企业形象以及产品展示平台等不够完善的问题。总的来说，园区内公共服务平台建设进程较缓、管理部门服务存在不足之处、在增值服务的提供方面还需要完善，这些问题对于陶瓷文化创意产业园内产业链的形成和产品的推广营销等方面产生了不利的影响。

二、市场层面的问题

（一）市场体系尚不健全

一是企业所有制形式不完善。目前，我国文化创意产业园内企业所有制性质相对单一，集体和民营文化企业的数量和规模都不大，完全由外资或中外合资的文化企业数量更少。而且企事业单位产权制度不明确、责任不清晰、缺乏生存能力，没有形成一个自主经营、自负盈亏、自担风险、自我创新的市场结构。在市场准入的扩大和投资领域的开放方面，还没有形成一个连贯、开放、竞争、有序的现代文化市场体系。

二是产业中介组织不健全。在现有文化创意产业市场中，提供中介服务的机构和组织还很少，如文化和知识产权中介机构、评估鉴定机构、技术交易、法律咨询、信用担保等，这对促进该行业的商业化发展有着直接影响。

三是文化市场发育滞后。目前，我国的文化市场规模较小，水平较低，市场机制不够完善，还处于简单的文化创意产品供给阶段，要素市场、劳动力市场和产权市场发展滞后，文化资源无法在市场上得到有效配置。

（二）知识产权保护力度不够

知识产权作为文化创意产业的核心要素，产权价值直接决定着文化创意产业的生存和发展。目前，我国已制定并实施了《专利法》《商标法》《著作权法》等保护知识产权的法律法规。但由于文化创意产业数量众多，且具有易复制、易变化的特点，上述法律法规明显不足，需进一步完善。此外，我国法律对知识产权侵权行为的处罚也不够严厉，比如侵犯版权的民事责任相对较低、赔偿金额相对较小、司法程序复杂等。因此，许多权利人的知识产权得不到应有的保护。

（三）文化创意人才匮乏

文化创意产业是一个综合性的多学科领域，涵盖了传统与现代、民族与地域、国内与国际、精神与物质等方面内容，包含了文化学、社会学、美学、传播学、经济学和信息技术等众多学科。在这一过程中，文化人才培养体系是保障文化创意产业持续健康发展的关键要素，我国目前的文化人才培养体系不全面、不系统、不科学，文化创意产业人才团队的设计结构不均衡。

此外我国文化创意产业人才结构不均衡问题也比较突出，这主要体现以下两个方面：其一，高级管理人员和掌握文化和技术等相关知识的综合性管理人才严重缺乏；其二，缺乏交叉学科人才，文化创意产业需要具备技术、人文和艺术等多领域的交叉学科能力。然而，现阶段很少有人才能够跨学科进行研究和创作。

三、政策层面的问题

（一）国家文化法律保障不足

目前，我国的文化立法总体水平不高，立法不全面、不充分，仍然滞后于发展的需要，主要体现在：第一，缺乏高位阶的法律规定。我国目前还没有制定《文化创意产业法》《文艺演出法》等法律，而国外的一些国家有很多高位阶的文化立法。例如，法国在1996年制定了《文化产业发展与促进法》，在2004年制定了《文化产业促进与保护法》；日本在1996年制定了《文化产业振兴基本法》，在2002年制定了《文化产业振兴促进法》。第二，在文化创意产业发展的投资、市场运作等方面存在着法律规定简化、不明确的问题，文化创意产业发展往往缺乏依据，在实践中无法实施。第三，关于发展文化创意产业的立法理由不充分。我国政府和地方当局都有关于发展文化创意产业的立法理由或者立法依据，但是这些立法依据可能是基于部门利益或地方利益考虑的结果，因而在实践中经常出现立法重叠或者立法不统一问题。例如，为了发展文化创意产业而制定有关政策，为了促进地方经济发展而制定有关政策，为了保护知识产权而制定有关政策，为了吸引投资而制定有关政策，等等，这些政策往往在制定过程中缺乏统筹规划。第四，文化立法与国际规则未达成一致，有些条款甚至相互矛盾，例如我国目前文化方面的立法与WTO规则及其他国际规则不够一致。

（二）缺乏产业统一发展规划

近年来，国家出台了一些支持和促进文化产业发展的政策和措施，但总体上还不够完善。由于缺乏系统的协调性，各地文化创意产业发展的推进程度和发展的方向都各有千秋。比如，某些文化产业的园区和城市在规划上不够统一，有的没有明确建设标准和目标，这就导致了文化创意产业在各个城市之间难以形成统一的体系。此外，各个地区发展文化创意产业时也缺乏系统的协调性，这不仅导致了资源浪费，而且还会阻碍整个文化创意产业的发展。部分城市对文化创意产业缺乏认识和了解，他们往往忽视了文化创意产业的重要性，不愿意投入精力去发展它；还有一些地方急于求成，盲目上马一些文化创意产业项目、园区和基地，而没有考虑到资源的合理利用和节约，从而导致资源浪费严重，缺乏统一性。例如，全国有几十个城市建立了动漫或文化主题公园,在许多风景如画的地方开始组织大规模的现场艺术表演。这种趋势如果不及时进行规划、管理和规范,势必会对文化创意产业的健康持续发展造成影响。

(三)配套政策体系不健全

我国文化创意产业是一个新兴产业,需要政府强有力的政策支持。从目前的情况看,我国文化创意产业的市场进入、竞争和退出的规则还不完善,文化税收政策还不稳定。由于执法部门的权力不同,文化市场治理还不能及时有效地调查和打击非法经营行为。因此,政府应该加强对文化创意产业的支持力度,制定相关政策,鼓励企业投入资金和资源进行开发,推动文化创意产业的发展。

目前,与发达国家相比较,我国的文化创意产业发展状况仍处于初级阶段,园区建设缺乏科学、系统地统筹规划。因此,有必要从体制机制、形成机理、发展模式等方面对我国文化创意产业园发展问题进行全面思考与改革。

第三章 产业链构建与整合

产业链理论是产业经济学、技术经济学等学科的一个重要内容，它是经济地理学、产业组织等学科在经济领域的具体反映。产业链的出现和发展与供应链、价值链、产业关联等理论有着密切的联系。本章对产业链及其构建与整合的相关理论进行了梳理和总结，为本书后续的研究提供理论基础。

第一节 产业链相关理论

一、产业关联

产业关联是指同一产业内部不同行业之间相互影响、相互依存的关系。产业管理理论通过分析和解释产业之间的联系，从而揭示整体经济结构的特征和动态。产业运行过程中的各种投入品和产出品是各产业之间关联关系产生的纽带，它们在不同行业之间发挥着不同的作用，在一定程度上形成了不同产业之间的技术经济联系，它们既可以通过有形的产品进行转移和交易，也可以通过无形的服务、信息等进行交换。这种联系可以用实物量或价值量来表达，但通常情况下，因为实体形式比较复杂，很难保证测量的精度，因此，以价值量表达产业间的联系，成为产业关联分析的主要方式。

产业关联的理论的基础观点是：在经济活动过程中，每个产业都要从其他产业采购各种生产要素以满足自己的生产需要，并向其他产业提供产出以满足其他产业消费需要。这种供需关系的存在，使得整个社会经济得以正常运转，也使相关产业得以生存和发展。如果一个产业不能从其他产业获得生产要素，同时它的产出又不能满足其他产业的需要，那这个产业就没有发展的立足点，难以在市场中生存。这就是为什么供给和需求关系往往被视为产业联系理论的核心。

在产业经济学中，按照产业关联的方向，我们可以将产业关联分前向关联和后向关联、直接关联和间接关联、单向关联和多向关联等。此外，也可以从要素需求的角度进行分类，如原料、技术、劳动力等关联，或以从市场的角度进行分类，包括产量联系和价格关联。

随着经济学的发展，学者在产业关联领域的研究也在不断深入。美国经济学家列昂惕夫提出的投入产出分析方法在学术界受到广泛的认可和采纳。其他各国学者如彼得·卡尔门巴赫、萨缪尔森、索洛和钱纳里等在列昂惕夫的基础上深入研究，将产业投入产出分析法的理论内容逐步拓宽，使得产业关联理论的动态、优化和应用研究领域涵盖了宏观、中观和微观领域不同层次的社会经济活动中密切而复杂的技术和经济联系，从而为产业间技术联系与经济联系、产业间生产联系与价格联系、产业内贸易与非贸易壁垒、国际分工与国际市场等问题的深入研究提供了理论基础和实证依据。因此，产业关联理论对深入研究产业链的内涵、特征和功能的形成发展起到了重要支撑作用。

二、价值链

20世纪中后期，哈佛商学院教授迈克尔·波特首次提出价值链的概念。他认为价值链是一个公司从创建到在市场上实现价值创造过程中所需经历的一系列步骤，并将其定义为"通过一系列辅助和关键活动，将原材料转化为最终产品，并不断增加价值的过程"。近年来，波特的价值链理论得到了国内外学者的进一步研究和发展。英国学者彼得·海恩斯将价值链定义为"集成物料价值的运输线"，并将原材料和消费者纳入价值链的分析体系中。我国学者吴海平认为，价值链理论是建立在企业的整合与分离基础上，价值链上的附加价值最终是通过流程优化来实现的。还有许多管理学者认为，价值链管理是供应链企业的第三利润来源方，价值链主要描述了供应商、生产商和中间商、客户及其内部活动之间的相互作用和相互依赖关系，并用于量化每项商业活动所创造的价值。

因此，在价值链框架中，价值是通过价值链上各利益主体间的互动创造形成的。价值链理论的关键战略思想是关注价值创造过程中关键环节的作用。在现实中，并不是价值链上每一个环节都能为公司增加价值，价值链上的高价值增值环节是公司获得竞争优势的关键。显然，价值链和产业链之间存在着重要的联系。产业链是描述产品从生产到销售的全过程，而价值链则强调了在产业链中不同环节所添加的价值。产业链更关注各个环节的连接和合作，而价值链更关注如何通过优化单个环节的效率和创造力来提升整体价值。价值链有效地补充了产业链上价值创造并增值的过程，对产业链的研究不能脱离对价值链理论的研究和发展。基于价值链理论对产业链结构进行优化，能够壮大产业链，提升产业链的价值创造能力和整体竞争力。

三、供应链

供应链通常是一个由物流和信息流链接的网状或链状的结构，由原材料供应、生产、分销、零售、客户和其他具有上下游连接和合作的关键角色组成。供应链的成功在于对供应链各个环节进行协调和管理，以实现高效率和优化，供应链上的公司遵循供应链整体利润最大化的原则来做出商业决策。供应链管理的目标是优化物流、减少成本、提高效率，并确保产品及时交付给消费者。在经济全球化和知识经济快速发展的今天，一家企业要在高度竞争的市场中取得竞争优势，就必须从非核心业务中脱离出来，结合其具体特点和环境，专注于核心业务的执行和管理。供应链和产业链是两个相关但不同的概念。供应链是指产品供应的整个流程，从原材料采购、生产、到产品销售和最终消费者的交付。而产业链则更加关注产业的价值链条以及不同经济主体的竞争和合作关系，它描述了一个更广泛的经济体系，包括供应商、制造商、分销商、批发商、零售商以及相关行业的协同合作。产业链的目标是实现企业间的合作，共享资源和技术优势，以提高整个产业的竞争力。因此，供应链是产业链中的一个重要组成部分。供应链管理通过控制和优化物流和资源分配，使得产业链上各个环节能够更加紧密地连接，提高生产效率和产品质量。而产业链则对于一个更大范围的经济体系进行描述，包括了多个相互依赖的供应链。

四、知识链与技术链

知识链是将知识在产生和传递过程中的各种主体、信息载体、语境环境等元素有机链接，是一个以知识为载体、以价值共识为基础的多重参与、协同创新的复杂系统。知识链不同于其他以企业物流活动为中心的链条，知识链的核心是创新活动中的知识流，知识链的主要任务是促进知识和价值在社会群体之间的传输与协作，以实现共享价值创造和传播过程的公正性和高效性。知识在知识链上循环流动，被链上各主体选择、吸收、整合、创新。在这个过程中，链条上主体的核心能力不断提升，链条上的价值不断积累增长。知识链和产业链之间存在着密切的关系。知识链为产业链提供了持续的动力和创新源泉。通过不断积累、应用和创新知识，企业可以提高生产效率，优化产品品质，开发新产品和服务，以满足市场需求。同时，产业链也反过来推动了知识链的发展，产业链上企业在联系与互动过程中会促使更多的知识创新和交流。在现代经济中，知识链和产业链之间的关系越来越密不可分。产业链上的企业需要不断提升自身的知识水平和技术创新能力，以应对激烈的市场竞争。同时，产业链的完善和协调也依赖于知识的积累与创新。

技术链理论的出现是由于企业要在高度竞争的市场中生存必须不断进行技术创新。技术链描述了一个产品或服务从设计、原材料采购、生产制造、配送、销售等各个环节中所涉及的技术和工艺的连接关系，它展示了一个产品或服务的价值链的技术细节，以及不同环节之间的相互依赖关系。技术链理论的发展与产业链发挥能力、形成竞争力紧密相连，是产业链设计和整合的重要内容。技术链和产业链之间存在着紧密的相互作用关系。技术链的进展驱动着产业链的变革和升级，推动产业的发展和转型。同时，产业链的需求和挑战也促使技术链的演进和创新。

产业关联理论、产业价值链理论、产业供应链理论、产业知识链与技术链理论在其发展过程中与产业链研究的内容相互交叉，促进了产业链研究理论的深化和发展。这些理论已经成为产业链理论框架的重要组成部分，为产业链研究提供了参考。

最后，根据现有的研究，本书对产业链的定义如下：产业链是在技术和经济联系的基础上，根据特定的空间和时间关系，在不同的产业部门之间客观地发展起来的一个链条系统，该系统具有价值链、供应链、知识链等多个层面，每个层面通过互动和协调，驱动产业链变革和升级。

第二节 产业链运行机制

根据现有研究成果显示，产业链的运行机制包括价值生成机制、信任契约机制、利益分配机制、沟通协调机制、竞争选择机制、风险共担机制和监督激励机制。这些机制相互补充，共同作用于产业链，推动其有效运行。其中，价值生成机制是动力，信任契约机制是基础，利益分配和风险共担是核心要素，沟通协调是关键因素，竞争选择是手段，监督激励机制则是运行保障，通过这些机制的协同作用，产业链能够实现有效的运转。

一、价值生成机制

价值生成机制是指在经济中，通过各种生产要素（包括劳动力、资本和技术）的组合与协同作用，在市场需求的引导下，创造出具有经济价值的产品和服务的过程。这一机制涵盖了从原材料采购到产品制造、销售以及最终消费的全过程。获取经济利益是驱使企业展开商业行为的根本目标，产业链上的每一环节都是价值的生成创造环节,价值生成机制是产业链运行原动力,在产业链运作中发挥着重要的作用。机制生成机制的运转不仅直接影响产业链上企业的生产能力与效率,也决定了整个产业链的发展和繁荣。

二、信任契约机制

在企业间合作中,信任扮演着关键的角色,尤其在产业链上,信任是产业链上各主体相互协作的基础。信任的价值在于弥补真实合同的不完备性,通过建立信任关系共同应对意外事件,从而降低机会主义风险,确保经济活动的顺利进行。

根据信任的来源,学者张维迎把信任分为三种类型:人格型信任、声誉型信任、制度型信任。产业链中,企业之间的信任关系是动态的,信任关系会渐进发展、逐渐深化,通过多次博弈和信任,企业之间的合作信心逐渐提高,相互的信任度也不断提升。产业链形成的初期,企业之间的信任程度相对较低。然而,随着双方合作频次上升,双方逐渐建立起长期合作的意愿,双方之间的真正信任也会慢慢地产生,而且还会越来越深,这一逐步加深的进程,为实现互利共赢奠定了坚实的基础。

三、利益分配机制

从产业链的角度来看,虽然将很多企业组成了一个整体,但是每个企业仍旧是各自独立的个体,产业链中的每一个企业都将实现利益最大化并获得更大的剩余收益作为自己的经营目标。因此,如何公正、合理地分配产业链中的剩余利益,使其不至于损害自己的合法权益,就成为整个产业链持续稳定运行的关键。同时,产业链上各企业之间的利益分配问题也是最为复杂和困难的问题。利益分配一般而言会在产业链中间通过产品价格得到体现。对于上游企业来说,中间产品价格越高利润也就越高;而对于下游企业来说,中间产品价格越低其利润越高,所以如何对中间产品进行合理定价是至关重要的。在现实中，受成本、风险、商标、专利多个方面因素影响，各企业之间在利益分配时很难达成一致，在产品定价上存在差异。因此必须采取合理有效的方式对利益进行分配，如投入资源比例分配法、协商谈判、风险和投资额承担比例分配法等。只有产业链上下游企业做到合理分配利润，企业之间才能维持长久的协作关系，实现产业链的持续高效运转。

四、风险共担机制

风险共担机制是指参与生产过程中的各个环节和利益相关者之间通过合作共担风险的一种安排。该机制旨在通过协同合作来减轻和分散产业链中的风险，以保障整个产业链的稳定运行和可持续发展。在产业链整体运作的过程中，产业链上的各个节点企业所携带的风险，会通过供应链成员间的供需关系、合同关系等方面相互传递，导致风险不断向产业链其他节点蔓延，威胁其他企业的生产和运营，进而对整个产业链造成影响。风险共担机制的核心思想是通过建立合作关系和共享风险承担责任的方式来应对这些风险。产业链上企业可以通过合同约定、合作协议或风险共担协议等形式，共同承担产业链中的风险。例如，供应商可以与买家签署长期合同，承诺在市场需求下降时适当调整供应量，并与买家分享损失。同样，分销商和零售商也可以制定共同的补偿机制，以减轻市场波动对其业务的负面影响。风险共担机制有助于促进合作、增加信任和稳定市场预期。

五、沟通协调机制

在产业链运行中，利益冲突难以避免，冲突和矛盾会影响整个产业链的一致性和协调性，进而影响其竞争力。因此，建立科学有效的沟通协调机制是化解产业链上节点企业间冲突的重要前提。在这种机制中，产业链上的公司要在目标一致、互信互助、沟通协商等基础上，形成一种多层次的沟通机制，以确保它们能够有效地协调和解决彼此之间存在的问题，从而保证产业链上企业间能够达成共识，实现有效合作，进而提高产业链上企业间整体竞争力。而这种科学有效的沟通协调机制通常由"产业链管理者"负责，贯穿于整个产业链的实际发展中。

产业链的协调与沟通工作通常从横向和纵向两个维度展开，横向协调主要涉及核心企业之间以及核心企业内部的协调与合作，而纵向协调则涉及核心企业与配套企业以及企业与政府之间的关系管理和协商。在横向协调中，产业链上各个企业都有责任对各自利益进行有效分配，以确保整个产业链能够达到最佳状态；而在纵向协调中，产业链上各个企业之间则要建立起一种多层次的关系管理。这样一种多层次关系管理可以保证产业链上各公司之间能够达到最优状态，从而提升产业链整体竞争力。

六、竞争选择机制

在市场经济中，竞争是最基本的运行机制。在市场中，供给和需求的变化、价格的波动，都是在竞争的作用下发生的。在产业链的形成与发展中，产业链上的结点并非一成不变，它们会根据最适宜的生存选择机制，不断地被淘汰或重新配置。在产业链外部的竞争中，产业链中的每一家企业都要和其他的竞争对手进行竞争，以保证自己在产业链中的位置。企业通过加强技术创新与变革、降低成本、改进产品与服务等措施，以达到价值最大化，进而在全产业链中形成竞争优势。因此，产业链中的竞争选择机制在产业链的各个阶段都在运作，包括研发、生产和销售。这是因为不同企业会根据自身的需求，采用不同的技术、工艺和产品设计，以满足市场需求。同时，各个企业之间也会展开竞争，通过技术、产品和服务等方面创新形成自身竞争优势，获得更多利润。

七、监督激励机制

产业链的监督激励机制旨在确保产业链各环节的参与者不会从中获得无

代价的利益，同时避免出现不诚实的行为，即"搭便车"和"偷懒"现象。"搭便车"是指某些人或团体想要不付出任何代价就从其他人或团体那里得到好处。"偷懒"是指在非对称信息条件下，存在着道德风险与逆向选择的问题。为实现监管激励的目标，通常会采用多种手段加以监管，例如，创建"偷懒"市场就是一种常见的方式。它通过将企业的收入与其行为相联系，采用价格激励、商誉激励、信息激励、清算激励等手段来激励企业诚实和高效运营。此外，还可以运用多种监督方式，如质量检查、产品认证等，以加强对产业链各参与者的监督，并通过信息披露、奖惩制度等手段激励其遵守规则和承担责任，如图3-2-1所示（图3-2-1源自：作者根据有关资料整理绘制）。

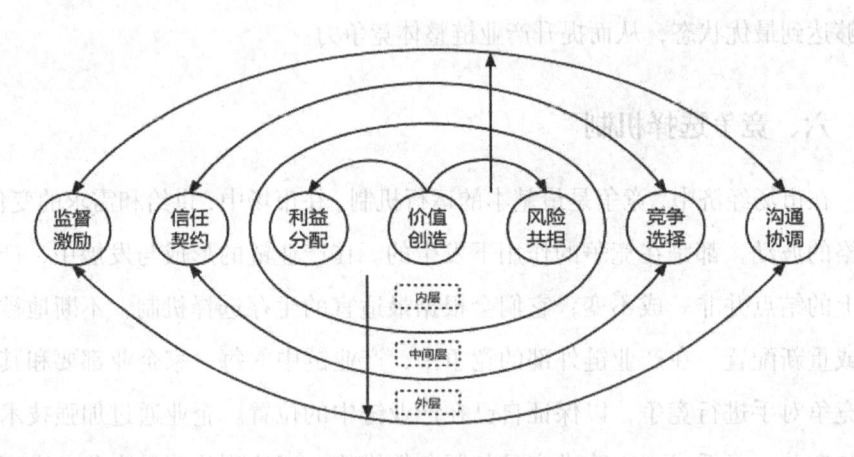

图 3-2-1 产业链的运行机制

第三节 产业链构建

一、产业链构建的本质与要素

产业链表现为一个有机的企业共生体，大部分学者都是从企业的微观视角出发寻求产业链构建的动因。例如，交易费用节约理论认为企业构建产业链是为了降低交易成本；战略联盟理论认为构建产业链形成的战略同盟关系能够有效分散风险，实现规模经济；资源依赖理论认为当企业间存在资源互补关系时，构建产业链可以更好实现互补性从而增加利润。其中，龚勤林（2004）在产业链接通和延伸两个维度的观点得到了学者的广泛认可。他认为接通产业链依托某种产业合作形式，使得一定地域空间范围内以产业链断环或孤环形式存在的产业部门串联起来；延伸产业链则是使得一条产业链在上下游实现尽可能的拓展延伸，产业链延伸可发生在产业之间、产业内部、区域之间以及区域内部。总体上，无论是产业链的接通还是延伸，其本质都是产业链上的节点企业在某种经济技术联系之下实现链接，形成完整的生产服务系统的过程。

因此，构建一条产业链所需的基本要素为节点、关联和制度约束。

（1）节点：是指在整个产业链上，由企业、金融机构、科研机构、政府机关、行业协会、监管机构、消费者等不同类型的企业所组成的行为主体集合。

作为产业链中最重要的参与者，企业是产业链链接的主体，也是对产业链中的生产与经营活动进行监督的主体。它们以自身的核心制造技术和资金为依托，掌握了产业链中的重要商业节点，并对其进行驱动与管理。而消费者则是整个产业链条中的非工作主体。产业链中消费者购买力与消费需求的改变，会对产业链的结构与运行产生影响，因而，产业链中的上游企业是否能够及时地进行生产与营销，真正地扮演起"市场守护者"的角色，将直接关系到整个产业链中的价值是否能够得以实现。金融机构、科研院所和公众团体等，是整个产业链条中的非生产性结点。这些生产性结点通过为整个产业链提供服务和保障，间接参与到交易活动中来，从而为整个产业链运营增效。

（2）关联：产业链的关联是构建产业链的一项要素，它在产业链各个节点之间发挥着纽带的作用。节点与节点之间的关联形式具有多样性，涵盖供需、竞争与合作，以及互补与共生等多种形式。从不同的分类角度来看，产业链的联结可以分为功能性关系和非功能性关系。功能性关系主要指各产业或企业之间在资金、物资、信息、管理和技术等方面的联系，通常以资金、物资、信息、技术和价值的流动为表现形式。而非功能性关系则指的是产业链上节点之在空间上的联系，例如交通运输、外部环境和地理位置等因素。

（3）制度：在构建产业链的过程中，如果企业之间形成了相对稳定的链接，那么相关系统的正常维护就不能脱离系统的约束和保障，否则产业链将难以形成紧密的关联，进而影响产业链整体能力的高效发挥。制度指针对产业链上主体的一系列组织、规则、程序和约束，用于协调和管理产业链上不同参与方的行为和关系。在产业链构建过程中涉及的制度主要涉及分工和协作、信息流通和共享、资金和资源配置、监管和治理等方面，产业链运行制度的健全与否对于产业链的发展具有重要影响，一条良好的产业链运行制度能够促进资源优化配置。

二、产业链构建的主要模式

随着经济不断向前发展，产业链的构建模式也逐步向多样化发展，目前主要有四种模式：内生拓展模式、嵌入式构建模式、关系型构建模式、创新主导型构建模式。

（一）内生拓展模式

内生拓展模式是指由一个或者多个企业在企业发展过程中自主形成产业链链接的模式。内生拓展模式可以分成两大类：第一类是在整个产业内实力较强的单个企业基于自己的核心业务和相关支持业务，在企业内部对所有的生产和交易活动进行整合。在实际操作中，一般通过行政管理和控制安排对生产部门、支持部门和辅助部门进行整合，并制订出与之对应的战略规划，以管理和调整各部门的活动，节省市场交易成本并缩短产品生产周期。但是，随着企业规模的不断增大、复杂程度的不断提升，单个企业内部一体化拓展面临一定的挑战。第二类是在一定的区域空间范围内多个企业自发形成产业链的模式，通常这类区域具有良好的资源、政策、环境优势，有利于新企业在此集聚发展。随着新企业的发展与规模扩大,上下游企业在内的辅助企业也会在区域内不断涌现和集中,使得该地区的生产和贸易链日益一体化。未来,这种链条将更加着重于向供给端和需求端开发和扩展。

(二)嵌入式构建模式

嵌入式构建模式是指企业通过与其他企业展开合作,加入新的产业链并成为产业链中的一个环节的构建模式。以嵌入的方式和效果为划分依据,我们可以将其划分为配套式嵌入和填空式散入两种类型。配套式嵌入是指本地企业或者企业群,在比较优势的基础上,借助劳动力价格优势、市场区位优势、基础设施配套、本地政策支持,吸引外部资本和技术,参与产业链中基础生产加工环节,进而融入区域或国际分工链条,扮演产业链新成员的角色。因此通过该模式新进产业链的参与者难以直接参与研发和销售等核心业务,有着较低的角色定位,存在着很大的被替换风险。如果被嵌入的"链主"的发展方向发生了变化,或者有了更便宜的新公司,那么,嵌入方就会被淘汰出局,它对产业链的依存性很差。像东莞的清溪镇、石龙镇等,就是靠着嵌入台湾的计算机产业获得发展,在发展中所需的技术和资金都要依靠被嵌入的产业链予以支持。在市场变化与技术进步的背景下,为寻求长期发展,配套嵌入式企业需要持续提高产业链的效率,强化其在产业链体系中的地位,并持续向中高端方向发展。填空式嵌入模式指的是具备资本或技术优势的企业或者企业集群,可以利用自身优势,进一步完善产业链,从而成为产业链的关键补充,在产业链中游或者上游中扮演关键角色。总体来看,配套式嵌入与填空式嵌入的主要区别在于资金和技术等要素是来源于嵌入企业内部还是外部,与产业链的关系是依存还是互补。

(三)关系型构建模式

关系型构建模式是指产业链各节点企业围绕相同或相似的社会关系或文化诉求进行相互联系并构成整体运作体系。我们可以将其分为基于社会关系的构建模式和基于文化诉求的构建模式。在实际情形中,企业声誉、伦理道德以及空间距离等都可以使企业间的关联得到提升。关系型构建指的是企业与企业间依然通过市场交易平台维持交易关系，受到价格机制的影响。但是它们不是企业之间形成链接的决定性作用的因素，在社会关系型构建模式中，企业之间的链接是基于信任的非正式社会联系，如信誉、承诺等。但是，社会关系型的构建模式也存在局限性，随着交易范围和规模场景的扩大，这种信任机制的保障作用将不断减弱，因而难以维持产业链的有效运转。基于文化诉求的构建模式指的是企业之间依托共同的文化认同形成链接，文化是企业与企业之间的润滑剂，保障产业链上产业链节点企业间沟通交流，互助协作通畅。文化认同能够保障区域之间、企业之间、产业之间互信合作，由具有相同文化认同和价值理念的企业构成的产业链能够实现更高的运作效率。在产品差异化和品牌竞争日益加剧的情况下，基于内在文化建立的产业链以及衍生产品有着更高的价值潜力，同时也更能吸引和培育具有类似文化认同的消费者，满足他们的文化和消费需求。

（四）创新主导型构建模式

创新主导型构建模式是指通过创新与外部企业达成合作关系，链接外部企业进而形成产业链的模式。创新主导型构建对产业链自身有着较高的要求，一方面需要产业链具备持续创新的动力和能力，另一方面需要产业链具备进取精神和完善的价值网络。通过创新主导构建的产业链，能够形成强劲的产品和技术优势，增强产业链整体竞争力，同时通过将外部企业纳入产业链，能够实现产业链的拓展延伸。一般情况下，模块化是创新型产业链的主要架构，各节点企业围绕分工形成不同模块。伴随着经济的持续发展，知识和技术的分工已经成为一种常见的现象。与此同时，模块化的企业彼此间的独立性也很强，它们能够独立地进行研发、制造和生产，所以模块化结构极大地提升了产业和产业链的创新效率。在一个规模庞大、要素复杂的产业链系统中，一般都会采用创新的方法，创造出一种新的产业链形式，在这个过程中，模块化创新是一种高效的方法。同时，创新成果价值转化需要通过模块实现，这一过程对模块化也有积极的促进作用。在这种趋势下，创新主导型构建模式逐渐演化成大型企业集团或者产业链系统的主要发展模式。

当然，产业链的构建方式也不是固定不变的，它会随着经济的发展而逐渐呈现新的形态。实际操作中，这四种建构方式并非各自独立，而是彼此互动、共存，并在一定的情况下相互转换。同时，由于社会经济发展、市场竞争等因素的日益影响，必然涌现新的产业链建设方式。然而，不管在哪一种模式下，进行产业链的构建，其目标都是为了优化产业链结构，提升产业链的运行效率。

第四节　产业链整合

产业链整合是在核心企业的领导下，将节点企业作为主体，遵循产业链的内生逻辑，将产业链上各个节点企业之间进行对接，从而让产业链的各个节点企业实现相互合作，实现资源优化配置的过程。在这个过程中，核心企业通过整合产业链上的各种资源、构建一条从上游到下游的完整链条，从而让产业价值链得到提升。在一定意义上，产业链整合与产业链构建的差异主要体现在"修正"现有产业链，即在以现有产业链为核心的基础上，不断调整龙头企业与节点企业间的关系，以提高产业链各节点企业间的协同效应，扩大可利用的资源空间，寻找最优的资源组合。

一、产业链整合的理论基础

（一）产业组织理论

产业链整合思想源于亚当·斯密的《国富论》，该书从生产和交换两个角度来阐述分工，认为分工是社会发展和技术进步的产物，通过劳动过程中的协作和交往实现的。马歇尔在其《经济学原理》一书中，系统地论述了规模经济是企业联合的重要诱因。马歇尔关于规模经济和自由竞争的矛盾冲突问题即"马歇尔冲突"，也是产业组织理论的重要思想。

梅森和贝恩等哈佛学派提出了SCP产业组织研究范式，研究进入和退出壁垒、市场集中度和产品差异性对企业产量和价格决策的影响，评估市场的资源配置效率，并指出企业可以通过产业链的整合来获取市场力量。迈克尔·波特把这个理论运用到了他的公司战略理论当中，提出了"五力"的概念，并对五大能力的功能进行了分析，把整合分为合并、兼并、基于契约的整合等。而芝加哥学派以价格理论为基础，提出了市场竞争是适者生存的检验过程，产业链成功整合取决于企业之间是否存在相互匹配的能力。新产业组织理论将非合作博弈的概念引入到企业的战略决策中，并以此为切入点，从微观层面上揭示了信息不对称对产业链整合的影响。例如，在企业自身能力不足的情况下，可以采取纵向合并或约束措施，将外部性内部化，从而达到产业链利润最大化。在许多具有公共产品性质的产品中，制造商往往会将其最终需求信息提供给零售商，而零售商则会将该信息提供给消费者，因而零售商通常会倾向于"搭便车"，堵塞信息传递的通路，导致信息最终缺失或失真。新产业组织理论认为产业链整合的过程本质上就是厂商通过采取一系列措施对链上其他厂商实施纵向控制，获取市场势力，并最大化自身利润的过程。

（二）交易费用理论

交易费用理论从一个全新的角度，把企业视为一个为节省交易成本而进行组织变革的组织。科斯把交易费用分成两种类型，一种是在市场上进行经济活动产生的费用即外部交易成本，如市场调研、合同谈判和执行等产生的成本；另一种是在公司内进行经济活动产生的费用即内部交易成本，如管理、协调和监督员工等成本。根据英国经济学家科斯的理论，当内部交易成本低于外部交易成本时，企业更倾向于在内部进行生产和交易。这就解释了为什么一些企业会选择垂直整合，将生产链条上的多个环节内部化。美国经济学家威廉姆森提出，在不确定性条件下，人们具有有限理性和一定的机会主义倾向，从而导致了交易费用的出现。为了防止竞争对手对公司的掠夺，公司更倾向于在公司内部对高度专用性资产进行投资。产业链垂直整合的目标正是为了节省交易成本，而这一成本的节省又与资产的专用性、环境的不确定性以及资产的使用频率等因素密切相关。

二、产业链整合的基本方式

（一）纵向（垂直）整合

产业链纵向整合，即沿着产业链上下游，围绕战略性资源进行的协作、整合等工作，以掌控战略资源或者能力，获取可持续的核心竞争优势。产业链纵向整合主要从两方面进行，一是合并，二是约束。

纵向合并一是旨在通过对产业链上游的前向合并以及对产业链下游的纵向合并，整合专用资产。对于供应商而言，如果他进行了一定规模的固定资产投资，那么他在短时期内就无法再继续投资新的固定资产，而对于重复购买者而言同样如此。为了避免沉淀资本投资所带来的潜在损失，供应商和重复购买者就有强烈的合并动机。二是通过整合分工，提高议价能力。在纵向合并的情形下，企业能够节约交易费用，降低投资沉淀成本，提高企业议价能力，有利于企业降本增效。纵向整合虽然将产业链分工内化为企业内分工，但并不影响产业链运行，例如，由于特定的人力资本投入而产生的层级式兼并，实质上就是一种将知识转移并内化的一种方式。

约束是通过技术或资本对产业链上下游某一特定环节（或产品）进行渗透、约束、控制，从而迫使其他企业进行整合，进而对特定产品价格以及数量进行把控，最终实现提高利润的目标。纵向约束与产业链横向整合中的横向战略联盟有着本质上的相似之处。

（二）横向（水平）整合

产业链的横向整合，即围绕产业链核心环节进行拓宽，以提升核心环节竞争力，补足产业链空缺或短板，从而提升产业链整体实力的收购、兼并等活动。产业链横向整合主要从三方面进行，一是整合能力，二是建立联盟，三是横向合并。在整合能力方面，一是企业的生产制造、技术研发、销售运营、资金分配等有形资源，二是企业的无形资源，三是企业的组织资源。因此，整合产业链上的关键企业能力，就是要促进其形成核心竞争力，从而加强其自身及其所处的产业链环节的持续竞争优势。具体可以从如下路径着手：（1）以规范制度为前提，通过规范制度约束人的行为；以信息化为手段，建立企业信息管理系统；以流程再造为突破口，实施业务流程重组；以文化建设为导向，营造良好的企业文化环境。（2）建立横向联盟提升链环的市场影响力，在保证其自身独立性的基础上，通过统一的策略目标与合作协定作为约束条件，增强对市场定价的控制能力，从而获取更高的垄断收益。然而，联盟中企业间的信息不对称与博弈问题严重影响了联盟的长期稳定。一般情况下，企业间的横向联合形式是价格联合，但也要注意企业效益提升可能对消费者利益造成不利影响，从而给企业带来风险。（3）在横向合并方面，一是旨在提升集中度和市场影响力，从而高效发挥规模效益，提高新企业的竞争力；二是构建防御壁垒，防止潜在竞争者进入。

从产业链整合的角度来看，产业链的纵向整合与横向整合是最基本的两种方式。如今，产业链间竞争成为产业间竞争的主要形式，推动了产业链形态的创新，并不断拓宽产业链整合的方式和内容。在实际操作中，在不同的情形下，其表现形式也会发生改变。根据其在整合时所呈现的形态和所依托的核心要素等，大致可划分为以下几类：（1）混合整合，这类整合通常是由不同类型企业根据各自优势、能力和资源等方面进行一定程度地混合而形成，例如，在市场需求日益多元化、产品更新换代加快等情况下，企业基于各自优势和资源进行了混合后形成了新产品。（2）基于知识和资本驱动的整合，这类整合是以知识和资本为基础、以产业升级为导向进行的企业间联合或合作，其具体形式表现为并购、战略联盟等。（3）模块化整合，这类整合是通过一定方式将不同企业分散独立存在的部分产品或服务进行打包组合后形成新产品或新服务。（4）产学研知识联盟整合，这类融合了多个企业主体，多方参与合作创新实践并进行知识共享和吸收融合后形成的新模式。

第四章 景德镇陶瓷文化创意产业的发展

本章主要介绍景德镇陶瓷文化创意产业的发展，分别从陶瓷文化创意产业、景德镇陶瓷文化创意产业发展环境、景德镇陶瓷文化创意产业发展的制约因素、景德镇陶瓷文化创意产业发展意见四个方面展开论述。

第一节 陶瓷文化创意产业

一、陶瓷文化创意产业定义

陶瓷文化创意产业是知识经济背景下经济运行的一种新模式，是以陶瓷为创作载体，以陶瓷文化为基础，具有高创意性、高技术性、高融合性和高附加值的新型产业形态。作为一种新兴的产业形态，陶瓷文化创意产业能够有效地摆脱资源瓶颈的制约，并且快速适应新的消费趋势。

二、陶瓷文化创意产业的特征

（一）高创意性

创新和创意是陶瓷文化创意产业的核心内涵。在陶瓷文创市场中，产品及服务的独特性是吸引消费者群体的关键因素，为了不断满足消费需求，顺应消费趋势，陶瓷文创企业必须保持持续创新，将不断涌现的创新和创意转化为新颖的文化创意产品和独特的创意服务，为市场提供独具特色的陶瓷文化创意产品及服务，进而不断吸引消费者群体进行消费，以保持经济效益的可持续性，提高企业活力。

（二）高附加值性

产品的价值由其使用价值和文化价值构成。陶瓷文化创意产业通过科技创意和文化创意赋能，赋予了陶瓷文化创意产品更优的使用价值和文化价值，使其具备传统陶瓷产品无法比拟的优势，为实现产品的价值增值提供有力的支撑，从而推动传统陶瓷产业向高附加值、高利润值产业的升级。

（三）高融合性

陶瓷文化创意产业具备开放的产业边界，使其能够与不同行业相互渗透与融合。高融合性为陶瓷文化、陶瓷制造和服务业的有机融合提供了必要条件，这种综合性的整合又为陶瓷文化创意产业带来更广阔的发展前景，对陶瓷文创的产业延伸和经济发展空间拓展具有重要作用。

（四）高人才需求性

高品质、有个性的创意产品和服务是文化创意产业发展的关键，而这些创意往往依赖于高端的人才。创意人才被视为陶瓷文化创意产业的灵魂与命脉，对产业的发展具有至关重要的作用。创意人才持续不断地提出新颖的理念、创新的技术和别具一格的创意内容，才能为陶瓷文化创意产业的不断发展注入新的智慧和灵感。创意人才通过融汇传统文化与创新思维，为陶瓷文化创意产业注入更高层次的文化价值，使陶瓷文化创意产业具备更高的技术水准和广泛认可的文化价值。

（五）陶瓷文化性

传统的以自然资源为基础的物质生产活动主要依赖自然资源的开采和加工，而陶瓷文化创意产业的发展主要依赖文化内涵的注入，陶瓷文创产品的生产以陶瓷文化为出发点和落脚点，利用陶瓷产业资源打造陶瓷文化产品。

因此，陶瓷文化创意产业的发展，与当地陶瓷产业资源、产业分布、产业特性以及陶瓷文化息息相关。

三、传统陶瓷产业与陶瓷文化创意产业

传统陶瓷产业以陶瓷产品为中心，用原材料制成陶器及瓷器进行销售，主要包含日用陶瓷、卫生陶瓷、建筑陶瓷和艺术陶瓷。就属性来说，陶瓷制作产业属于工业和手工业的范畴，就产业而言，传统陶瓷产业属于第二产业。在传统陶瓷产业发展过程中，景德镇瓷土矿资源逐步枯竭，十大瓷厂衰落，经济总量低，产业结构单一，这严重制约了景德镇的可持续发展。

陶瓷文化创意产业是景德镇经济发展中最有潜力的新兴产业。陶瓷文化创意产业的兴起为陶瓷产业转型升级指明了方向。陶瓷文化创意产业是以传统陶瓷制造产业为基础，以创意为主要手段，为陶瓷产品注入艺术、文化和理念，以此来提高陶瓷产品的文化艺术内涵，从而赋予陶瓷产品卓越附加值的产业。陶瓷制造产业与陶瓷文化创意产业从属性层面来看，二者分属不同范畴，前者属于工业和手工业范畴，而陶瓷文化创意产业注重与三大基础产业相互渗透融合，属于文化服务与体验产业。随着社会的发展，依赖传统工业产品实现社会资本积累的模式急需改变，而陶瓷文化创意品类较之传统陶瓷产品具备高附加值优势，陶瓷文化创意产业自然而然地能够为景德镇社会资本积累带来强劲的推动作用。

传统陶瓷产业与陶瓷文化创意产业的区别如表4-1-1所示（表4-1-1源自：作者根据有关资料整理绘制）。

表4-1-1　传统陶瓷产业与陶瓷文化创意产业的区别

	分类	生产方式	生产组织架构	附加值	消费市场	价值形成
传统陶瓷产业	第二产业	机械化标准化高复制率	长期稳定	低	满足消费者物质生活需要	物质和资金投入

续表

分类	生产方式	生产组织架构	附加值	消费市场	价值形成
陶瓷文化创意产业	第三产业	个性化 手工化 高知识性 高技术性	临时松散	高	满足消费者精神文化需要	物质、文化、创意和技术有机融合

第二节 景德镇陶瓷文化创意产业发展环境

一、经济环境

根据2023年4月《景德镇市2022年国民经济和社会发展统计公报》[①]显示，2022年全年景德镇市地区生产总值1192.19亿元，比上年增长4.7%。其中，第一产业增加值75.42亿元，增长3.4%；第二产业增加值533.49亿元，增长6.0%；第三产业增加值583.28亿元，增长3.8%。三次产业结构比为6.3∶44.8∶48.9，三次产业贡献率分别为4.9%、54.6%、40.6%。整体来看，景德镇的经济平稳向上发展，第三产业的比重逐年上升，成为景德镇经济发展的最有力支撑（图4-2-1）（图4-2-1源自：作者根据有关资料整理绘制）。

---

① 中国县域.景德镇市2022年国民经济和社会发展统计公报[EB/OL].（2023-07-07）[2023-07-10].http://zgcounty.com/wap/news/33525.html.

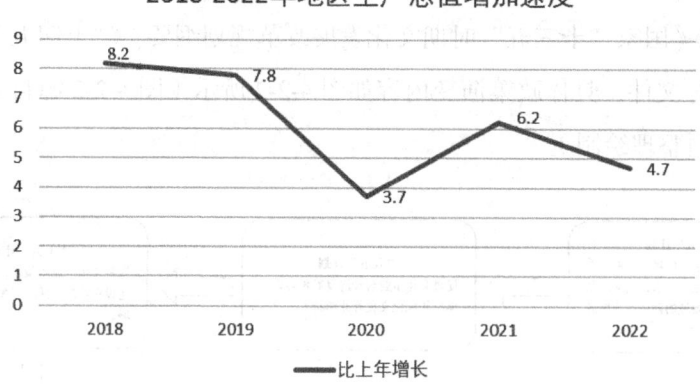

2018-2022年地区生产总值增加速度

```
9
8   8.2
7         7.8
6                       6.2
5                                4.7
4         3.7
3
2
1
0
   2018  2019  2020  2021  2022
         —— 比上年增长
```

图 4-2-1　景德镇 GDP 增速

工业方面，2021年景德镇市全年全社会工业增加值423.11亿元，比上年增长6.1%。规模以上工业增加值增长8.4%。在规模以上工业中，分经济类型看，国有企业增长34.9%，集体企业增长18.1%，股份制企业增长6.9%，外商及港澳台商投资企业增长30.6%，其他经济类型企业增长25.7%。在规模以上工业中，六大优势产业增加值中，陶瓷及文化创意产业增加值增长22.1%。从工业数据可以看出，景德镇陶瓷文化创意产业近年来发展态势良好，且对景德镇经济的推动作用逐年增强。

二、政治环境

当前我国文化产业的发展与政府政策紧密相关，文化产业对政府政策变动反应迅速，文化产业仍属于一种高度受政策影响的产业。因此，政府的政策应与文化产业的实际发展状况相适应，在必要时及时调整，文化产业与政府政策之间要形成一种相互影响相互作用的动态关系。这种动态相互作用一方面体现在政策能够打造文化产业发展的良好环境，指引产业发展方向，保障文化产业的健康有序发展；另一方面体现在文化产业的发展必然伴随着一系列新问题的出现，这些问题的反馈将推动政府做出与时俱进的政策调整。

国家在文化产政策方面先后出台了《国家"十二五"时期文化发展改革规划纲要》《国家"十三五"时期文化发展改革规划纲要》《"十四五"文化发展规划》等文件，具体政策演变内容如图 4-2-2 所示（图 4-2-2 源自：作者根据有关资料整理绘制）。

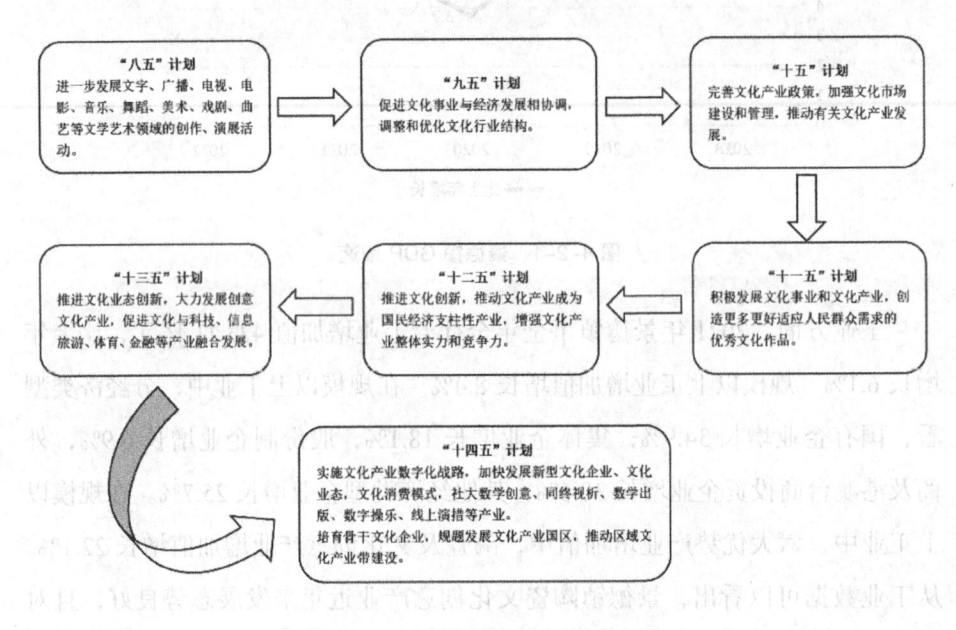

```
"八五"计划                    "九五"计划                   "十五"计划
进一步发展文字、广播、电视、电    促进文化事业与经济发展相协调，   完善文化产业政策，加强文化市场
影、音乐、舞蹈、美术、戏剧、曲    调整和优化文化行业结构。        建设和管理，推动有关文化产业发
艺等文学艺术领域的创作、演展活                                  展。
动。

"十三五"计划                  "十二五"计划                  "十一五"计划
推进文化业态创新，大力发展创意    推进文化创新，推动文化产业成为   积极发展文化事业和文化产业，创
文化产业，促进文化与科技、信息    国民经济支柱性产业，增强文化产   造更多更好适应人民群众需求的
旅游、体育、金融等产业融合发展。  业整体实力和竞争力。            优秀文化作品。

                              "十四五"计划
                              实施文化产业数字化战略，加快发展新型文化企业、文化
                              业态、文化消费模式，壮大数字创意、网络视听、数字出
                              版、数字娱乐、线上演播等产业。
                              培育骨干文化企业，规范发展文化产业园区，推动区域文
                              化产业带建设。
```

图 4-2-2　国家文化产业政策演变

江西省在文化产业政策方面先后制定了《江西省文化厅关于发展文化产业的实施意见》《江西省文化产业示范基地评选命名管理办法》《江西省文化系统"十二五"文化产业发展规划》《江西省文化系统"十三五"文化产业发展规划》《江西省"十四五"文化和旅游发展规划》等系列政策，为文化创意产业园区的可持续发展指明了方向。

具体到景德镇陶瓷文化产业政策方面，2012 年，国家文化部下发的《文化部办公厅关于支持景德镇市文化改革发展工作的通知》为景德镇陶瓷文化产业改革指明了方向，景德镇市政府也陆续出台了《景德镇陶瓷文化创意产业发展意见》《景德镇市手工艺文化创意产业基地认定和管理暂行办法》《景

德镇陶瓷知识产权保护管理规定》《景德镇陶瓷品牌发展战略实施意见》等系列文件。

2014年7月景德镇市人民政府印发《景德镇陶瓷文化创意产业发展意见的通知》，在发展意见中景德镇市政府对于景德镇市文化创意产业的发展指出了明确的方向："经过5—10年的努力，使我市发展成为引领陶瓷文化创意发展主流的国际性创意产业基地；具有国际影响力的陶瓷艺术品交易集散中心和销售平台；荟萃世界陶瓷行业工艺、创意、设计等知名品牌和最高成就的最具权威性的创作与展示、交流与交易、信息发展与共享平台；国内外陶瓷艺术、鉴赏、古陶专家，以及行业内专家、学者、爱好和收藏者交流、进修的基地；推动景德镇成为世界陶瓷创意之都和世界陶瓷艺术交流中心。"

2016年5月景德镇市人民政府发布《景德镇市手工艺文化创意产业基地认定和管理暂行办法》，文件中指出，为打造联合国教科文组织创意城市网络产业中心，加快提升景德镇陶瓷文化产业的整体竞争力，确保景德镇市手工艺与民间艺术产业的活态传承，激发其内在活力，鼓励和支持创意产业快速发展，设立景德镇市手工艺文化创意产业基地。此外，文件中还对文化创意产业基地认定标准、认定程序、认定所需材料、扶持和管理办法作出具体规定。

三、历史文化环境

文化要素是文化创意产业发展的基础。陶瓷文化创意产业的兴盛受益于对传统陶瓷文化的积极探索和创新。自古以来，景德镇以瓷为业，历经千年的发展传承，积淀了厚重的文化底蕴和文化资源，也拥有了"汇天下良工之精华，集天下名窑之大成""工匠来八方、器成天下走"等众多美誉。

从非物质文化角度而言，景德镇在千年陶瓷发展中形成了独特的文化习俗，如中秋烧太平窑、拜祭风火仙师的传统，与陶瓷有关的陶瓷民间故事、瓷坊歌谣、陶瓷历史典故、瓷乐等。从物质角度而言，首先，景德镇无数陶瓷工匠制作了无数陶瓷作品流传至今，形成了丰富珍贵的陶瓷文化；其次，景德镇在千年陶瓷发展中也留存了大量保存良好的文物古迹，其中既有传统制瓷作坊、窑址遗址建筑、陶瓷原料矿井坑口、陶瓷及原料运输道路及码头等古代传统瓷业建筑遗存，也有明清世俗生活建筑群、祥集弄民宅、三间庙古街商铺、浮梁古县衙、风火先师庙等古代景德镇文化建筑遗存，直至今日仍能够感受到景德镇历史上"村村窑火，户户陶埏"的情景。除了古代历史文物遗存以外，景德镇也拥有著名的近现代陶瓷工业遗存，例如中华人民共和国成立后的"十大瓷厂"，它们不仅是景德镇陶瓷历史文化不可或缺的重要组成部分，也是发展陶瓷文化创意产业不可多得的文化遗产。

四、人才环境

人才对于创意产业的发展至关重要，一个地方拥有的人才资源越多，创意理念越容易得到广泛接受和传播。景德镇素来以"瓷都"闻名，这种独特的区位优势起到了人才聚集的作用，吸引了大量具备陶瓷相关技能和知识的人才涌入景德镇。这些人才身份各异，既有专门从事陶瓷艺术创作的中国工艺美术大师、省市高级工艺美术师、学者、和民间陶瓷艺人，也有支撑陶瓷产业发展的科研技术人才、企业管理人才、创作设计人才，以及数以万计的陶瓷产业工人。

目前，景德镇聚集了总数超万人的从事陶瓷艺术创作的专业人才。其中包括中国工艺美术大师、中国陶瓷艺术大师、省市高级工艺美术师和工艺美术大师，以及具备独特技艺的民间陶瓷艺人。此外，景德镇拥有一系列研究机构和平台，如原轻工部属陶瓷研究所、江西省陶瓷研究所、景德镇市陶瓷研究所以及各大陶瓷企业的研究平台，国家科技部与景德镇共建的国家陶瓷科技城和国家陶瓷工程技术中心也为陶瓷研究提供了重要支持，这些机构吸纳了两千余位专业的陶瓷研究人员，占据全国陶瓷研究专业人才总数的一半以上。汇聚而来的陶瓷艺术创作人才和陶瓷研究专业人才共同构成了景德镇陶瓷文化创意产业的人才基石，为产业的发展提供了强有力的智力支持。

在人才培养方面，景德镇高度重视高等教育机构的发展。早在上世纪初，景德镇就建立了中国陶业学堂，现今该学堂已成为景德镇陶瓷大学，是中国唯一一所以陶瓷为特色的综合性本科高等学府。作为29所具备艺术类本科生招生资格的艺术院校之一，景德镇陶瓷大学具备学士、硕士、博士和国际留学生学位授予资格。此外，景德镇还设立了景德镇学院、景德镇陶瓷职业技术学院、江西陶瓷工艺美术职业技术学院和景德镇艺术职业大学等应用型高校，专注于培养与陶瓷相关的专业人才，还有9所中等职业教育学校专门培养陶瓷领域的技术人才。景德镇的高校系统广泛满足了陶瓷领域的教育需求，形成了综合性的人才培养模式，为景德镇陶瓷文化创意产业提供持续的人才支持和后备保障。

五、技术环境

在传统陶瓷技术方面，传统的手工制瓷技艺作为一项具有重要文化价值的非物质文化遗产在景德镇得到了广泛传承和发展。其中，景德镇的手工制瓷技艺和传统瓷窑作坊的营造技艺已于2006年被列入国家级非物质文化遗产名录。此外，景德镇的手工制瓷技艺也于2009年申报联合国的"非物质文化遗产代表作名录"。景德镇手工制瓷工艺具有其他手工行业无法比拟的专业化程度和精细化的行业分工，其中核心工序就被细化分工为拉坯、利坯、画坯、施釉和烧窑五个流程。随着时间的推移，景德镇手工制瓷产业已经演化为分工明确、各司其职的体系，手工制瓷的各个环节逐渐演变成了独立而专业的行业，在这个制瓷体系中，不同行业的工匠们各自拥有独特的技术和专业知识，并致力于各自专业领域进行探索和创新。虽然这些细化的行业在技术上的发展相对独立，但彼此之间还保持着紧密的联系与协作。正是由于这种专业化和协同化的模式的存在，景德镇的制瓷技艺才能够持续创新和发展。

在现代陶瓷技术方面，早在2003年，国家科技部和江西省政府就联手在景德镇建立了陶瓷科技中心，旨在将景德镇打造成一个涵盖知识创新、科学研究、新产品开发和国际交流四个基地的陶瓷技术的研究和交流平台。近些年来，景德镇已经设立了涵盖国家、省、市级别的多个专门从事陶瓷研究的机构，同时也拥有完善的陶瓷教育、科研和人才培养系统，通过各种方式不断完善科技创新生态系统，景德镇已经将自身打造成为我国陶瓷检测、标准和信息中心，在现代陶瓷技术方面取得了显著的发展。以中国轻工业陶瓷研究所为例，研究所占地面积约9.6万平方米，固定资产总额8000余万元，下辖艺术中心、特种陶瓷研发中心、装饰材料研发中心、机电热工研发中心、传统陶瓷研发中心、检测标准中心以及《中国陶瓷》杂志社等七个专业部门，拥有各类仪器设备700多台/套，形成了能够覆盖整个陶瓷产业链的科研体系。

第三节 景德镇陶瓷文化创意产业发展的制约因素

在景德镇，陶瓷文化创意产业有着强大的发展潜力，它能够推动景德镇地方经济的发展。但由于景德镇在文化创意产业方向的发展仍处于初级阶段，目前大致存在以下六个方面因素制约陶瓷文创产业的发展。

一、产业组织化程度低，融资困难，企业抗风险能力弱

目前，景德镇陶瓷文化创意企业生产规模较小，多为家庭作坊式经营模式，企业多为粗放型生产，产业组织化、规模化程度较低，以上特性导致企业融资难这一问题难以解决。另外，企业抗风险能力较弱，其原因可概括为以下四点。第一，企业内部多以智力等无形资产作为投资物，该类资产价值难以用货币计量，变现能力不高，因此，企业通过向银行贷款等传统融资方式获取资金的难度较大。第二，由于企业规模较小，企业内部组织结构通常

不够完善，管理者不够专业，不能够制定出完善的财务制度规范，如若不从外部聘请专业的财务人员，容易出现企业会计报表不完整的问题，影响企业的审计通过情况，进而难以顺利获取金融机构的贷款。第三，就金融产品而言，产品本身缺乏创新，传统的金融产品不适用于以无形资产为主要资产的文化创意企业。当前，景德镇陶瓷文化创意企业在企业资金获取方面主要依赖于政府的政策引导，资金获取来源于银行等金融机构的资金，但由于金融产品的单一以及银行为该类企业提供贷款的积极性不高，文化创意产业的融资难问题依然严峻。第四，陶瓷文化产业产业目前未能建立完善的信用评级体系，体系中的关于无形资产价值评估、金融机构发放资金的审批流程、第三方担保机构的机制的完善和平台的建立等问题都有待进一步解决。

相较于传统陶瓷产业，文化创意产业面临的风险更高，"轻资产"形式的文化创意企业抗风险能力也更弱。首先，融资难问题背后的产生原因之一是文化创意企业规模小、资产少，大多数企业由创意者个人或者以小组的形式成立，企业资本构成来源于个人资本的投入。这类企业一旦企业生产经营不善或者出现意外情况，资金链将会断裂，企业无法继续经营。此外，文化创意产业注重"创新"，创新意味着企业需要开发新的创意，而不是简单的根据消费者的需求和未来发展趋势对市场上已有的产品和服务进行测度并更新。关于景德镇传统陶瓷行业和文化创意类产品之间的延续结合这一问题，陶瓷文化创意企业面临着更艰巨的在求新、求变方面的机遇和挑战。

二、产业链不完整，产业集聚效应不明显

目前，景德镇陶瓷文化创意产业的发展还处于初创阶段，尚未形成完整的产业链。首先，在产业链分工方面，景德镇陶瓷文创产业的分工不够细致，特别是在产业的中间环节发展不够成熟，产业链条的运行效率不高。其次，在陶瓷产业中含有高附加值的产品和相应的服务还比较缺乏。再者，与产品相关的衍生品是企业获取报酬的主要来源之一，而目前衍生品的开发相对不

足，单凭企业自身产品难以使得企业经济效益到达最大化水平。反观文化创意产业发达地区，它们的文创产业之中的衍生品利润占比较高，甚至超过了创意产品自身为企业提供的价值。景德镇在陶瓷文化创意产品和衍生品之间的联动方面很是匮乏，甚至处于非常落后的位置。最后，一个完整的陶瓷文化创意产业链中包括企业自身、上游链条的生产和制造、下游链条的销售和服务等配套企业，因此若构建和完善产业链，可以有效地整合全市甚至全国各个地区的陶瓷文创相关的实体共同发展，促进陶瓷文化创意产业繁荣。

产生规模效益的前提是产业集聚。目前，在市场层面，产业集聚效应在景德镇陶瓷文化创意产业中还不够突出。例如，景德镇陶瓷文化创意产业的总体规模较小、经营者较为分散，未形成具有较大规模效应的产业集聚。同时，在外部环境层面，政策和人才环境都不足以满足该陶瓷文化创意产业集聚发展的需求。

三、品牌建设滞后，缺乏具有影响力的龙头企业

龙头企业对于景德镇陶瓷文化创意产业的兴起和发展起着重要的作用。尽管景德镇陶瓷在全球享有盛誉，但实际情况是景德镇大部分陶瓷文化创意企业规模较小、缺乏自主研发能力、没有建立品牌的优势，这严重制约了景德镇陶瓷文化创意产业的整体发展和转型升级。长久以来，景德镇陶瓷文化的品牌都过度依赖于地域名称"景德镇"和个人称号"大师"。但是"景德镇"这个地域称号几乎被所有陶瓷生产企业使用过，因此难以形成真正的品牌优势。个人品牌的"大师"称号，因为企业缺乏专业化的经营管理，文化品牌的价值难以得到有效发挥。

目前，景德镇的陶瓷文化创意企业主要由小型民营企业和个人的作坊组成，缺乏大型陶瓷创意企业，这导致了陶瓷文化创意企业的效能较低。为改变这种局面，需要加大对龙头企业的培育力度，以提升其在陶瓷创意产业中的引领地位。同时，还可以引导和鼓励中小型陶瓷文化创意企业之间形成良

好的合作与竞争关系,让大型龙头企业发挥引领和榜样作用,带动中小型企业的发展,如此往复形成良性循环,为景德镇陶瓷文化创意产业的发展不断注入新的活力,提升其在国内外市场的竞争力。

四、人才培养机制不健全,人才流失严重

人才资源对景德镇陶瓷文化创意产业的发展而言至关重要。企业中,专业人才在技术发明、科技创新、企业管理活动、经济运营方面都起着重要的作用。景德镇的陶瓷文化创意产业需要具有技术性、设计性、创意性、艺术性以及管理性才能的各类人才。然而,由于人才培养机制的不完善、人才引进制度的不灵活、交通不便和经济欠发达等多重外部因素的影响,景德镇陶瓷文化创意产业始终面临着外来人才不愿来、本地培养的人才难以留住的问题。目前,景德镇政府在落户补贴、生活住房补贴、创业基金补贴等人才引进政策上,相较于经济发达地区存在较大差距,加上经济发展情况和交通地理位置原因,难以对人才实现有效吸引。哪怕是景德镇陶瓷大学、景德镇陶瓷工艺美术职业技术学院等当地高校每年培养的大学毕业生,有意向留在景德镇就业、创业的比例长期处于低位。其中,愿意从事陶瓷文化创意产业的人才更是稀缺。懂陶瓷并在该方面有创新意识的人才、了解市场需求的营销管理人才以及高端复合型人才的严重缺失,制约着景德镇陶瓷文化创意产业的发展。

五、知识产权保护力度不足,创新能力不足

知识产权问题始终是我国文化创意产业发展中的重要挑战。由于景德镇陶瓷文化创意产业起步较晚,其在产业规模和影响力方面都存在着不足之处,个人或企业对陶瓷文化创意产品的知识产权保护意识不强,导致陶瓷文化创意产品在展出之后被模仿者盗用并进入市场,这种模仿行为严重削弱了原创产品的影响力,同时也分散了品牌影响力。此外,作品的模仿和复制不仅损

害了原创者的利益,更严重打击了创作者的创作积极性,不利于陶瓷文化创意产业创新,阻碍了陶瓷文化创意产业的健康发展。

创新行为是景德镇陶瓷文化创意产业的价值核心所存在,产业的发展只有通过不断在产品上进行创新,才能得以推进。然而,在景德镇文化创意产业中,大多数企业仍沿用传统的经营模式和企业结构,安于现状,不愿意以市场为导向,不愿根据市场发展状况创新自身生产方式或者开拓新市场,封闭的地理环境导致企业思想保守,严重限制了创意企业的发展。

六、支持政策未形成体系

根据产业生命周期理论来划分,文化创意产业目前处于初创阶段或成长阶段,企业具有高增长、高风险、低投入等特点。在此阶段,企业的自主性和灵活性相对较弱,风险承受能力较低,企业要想良性有序的成长往往需要政府的扶持和引导。然而,在对景德镇陶瓷文化创意产业园(基地)的相关政策执行方面,政府的职能往往主要侧重于行政管理方面,这并不能算是真正的引导和扶持,且现有政策较为零散,未形成体系。如景德镇重点打造了景漂青年创业平台和创意孵化器等创新创业基地,但基地的税收等配套政策方面的不完善、知识产权保护力度较弱、物流运输等设施滞后等一系列的问题导致了企业税负较重,资源配置不合理,这制约着景德镇陶瓷文化创意产业园的发展。

在资金支持方面,景德镇市委市政府采取了一系列的举措,例如建立相应的担保机制、加大扶持资金的投入、加大信用担保、创新融资模式、搭建金融服务平台等,为推动陶瓷文化创意企业的发展拓宽资金获得渠道。然而,由于政府在融资服务政策的实施方面并不够精准,例如,缺乏专门的沟通协调部门和明确的财政扶持细则,经营者很难获取政府提供的专项资金等。因此,政府仍需继续加大政策性资本对产业实体的支持力度,构建政府、企业、金融服务机构之间全方位的金融支持体系。

第四节 景德镇陶瓷文化创意产业发展意见

一、建立与完善陶瓷文化创意产业政策体系

地方政府应该通过一系列针对性的扶持政策构建良好的外部环境，保障文化创意产业园建设和发展。要实现这一目标，一是坚持政策为先，制定利好政策，引导文化创意产业发展；二是要坚持招商引资，通过针对性的招商引资，吸纳相关企业入驻，获取战略性资源，提高竞争力；三是要鼓励文化创意与传统产业相融合，赋予传统产业产品更高的文化创意价值，扩大整体价值优势。

（一）坚持政策引导发展

在政策引导发展方面，景德镇市政府要把握文化创意产业发展前沿，并以此为基础，结合当地现状，因地制宜地制定科学可持续的政策。以政策为引导，发挥市场主体的能动作用，放宽限制，给予文创企业自主发展的空间，使企业在顺应政策发展的同时，形成内涵各异的文化价值。此外，政府应当对文化创意产业园建设进行整体规划，明确各个产业园的定位，避免形成同类竞争，以确保资源的合理利用和产业的良性发展。

（二）加大招商力度

景德镇市政府积极策划和组织了一系列交易博览会，其中最受瞩目的是一年一度"中国际陶瓷博览会"。通过这一活动，景德镇市能够高效开展对外招商，通过有针对性的招商引资，引入国内外资本以及吸纳相关企业入驻。同时，政府还针对企业落户制定切实有效的扶持政策，为企业提供直接或者间接补贴。此外，政府应当组织有计划的培训，提高招商工作者的专业胜任能力，确保工作者能够全面把握相关政策信息及产业发展前沿，保障招商工作的高效运行。

（三）推进文化创意产业与其他产业融合发展

文化创意产业具有产业融合的特点，该融合覆盖经济、技术等多领域。正是这一特点，文化创意产业能够通过价值链融入相关产业中，以实现产业间的协调发展和区域经济的整体发展。陶瓷文化创意具有非竞争性、部分排他性的特征，这意味着文化创意一旦以产品的形式公开，就能够低成本的沿用至其他传统或新兴产业之中。这些行业在持续创新的过程中，有意识融入思想、文化、创意等元素，对传统产业链结构进行重新组合，以文化创意产业的方式进行产业的重组升级，能够带动整个区域内其他产业价值的共同增长，推动区域的整体发展。文化创意产业与其他产业之间相互融合，已成为市场的新型产业发展形态。

二、强化人才队伍建设，提升人才吸引力

人才团队的建设对推动文化经济起着决定性的作用。前文已经指出景德镇市政府注重人才培养，并取得了一定成绩但也存在不足。现阶段，景德镇市政府应当基于文化产业以及相关联的其他产业的未来发展趋势，结合本地市场发展的需要，加强建立相关专业的教育培训体系，培养更多高素质的文化创意人才。如可以鼓励当地高校结合产业现状开设相关专业和课程，并引进专业化的师资，提供系统化的培训，培养学生的创意思维和实践能力。通过理论联系实际、理论指导实践、实践反哺理论的方式进行人才培养方式的创新，通过当地的力量来培养所需的文化产业的专业化人才。

在建立人才培养体系方面，产学研结合的培养模式契合当下文化创意产业对人才能力培养的内在需求。在该模式下，人才培养以产业、学校、科研机构携手共同培养，并根据产业现状灵活调整教学内容和方式，这有利于培养符合社会需求的应用型和复合型专业人才。因此，景德镇在培养专业人才的过程中要引入社会力量，利用社会资源优势，完善教育体系。与此同时，

政府应牵头引领文化企业相关的组织分批次将相关行业的从业人员分派到高校中进行培训学习。

在职业培训及继续教育方面，要结合企业实际，全面考虑企业需求，针对性地开展课程，培养特定人才。就景德镇文创产业园经营管理及陶瓷产业专业人才不足的现状，可以利用在线课程或专家学者入园培训的方式组织开展培训。

另外在人才交流合作方面，政府可以特别聘请海内外知名专家学者们担任景德镇的文化产业人才培训中的骨干，以充实景德镇人才培养师资团体的实力。此外，文化产业人才国际化趋势要求人才培养不能局限于某一地区，景德镇政府应当加强与国际文化创意产业的交流与合作，吸引国外优秀人才来华工作和合作。此外，还可以开展国际交流项目，组织人才互访和合作，促进经验和资源的共享。

为了融入"全球创意城市网络"，提升景德镇在全球创意阶层的影响力，吸引更多创意人才在景德镇集聚，景德镇需要在制度的完善、技术的提升以及人才的内部培养和外部引进方面进行全面细致的改革，提升其在艺术陶瓷产业的价值链中的地位和影响作用。与此同时，景德镇还要充分利用好我国大力推动"一带一路"建设和国家陶瓷文化传承创新试验区建设的重要机遇，将相关陶瓷领域的研究、制造、文化创意等高附加值的活动吸引到景德镇，在景德镇形成文化创意人才集聚区，将景德镇打造为国际陶瓷文化创意产业中心枢纽。

三、完善陶瓷文化创意产业服务体系

（一）完善金融扶持体系

文化创意产业园内的小微企业主要为"轻资产"运营。这类企业的价值主要凝结在创意产品之中，收入存在较大的不确定性，对比传统企业，文化创意企业在外部资金筹集获取方面难度较大,因此大多企业都面临严峻的资金问题。对此,景德镇政府需要加快对本地区文化创意产业园内融资服务平台的建设,为园内的各经营主体开拓融资渠道,引导金融机构有针对性地为本地文化创意类企业推出相应的金融服务类产品;同时,要发挥经营主体的作用,针对版权等无形资产的价值评估问题进行规则的探讨,并将其纳入金融贷款体系。另外,园区内的各经营主体还需要探讨关于园区内企业的经营风险监管体系的建立问题,明确对收益欠佳的企业进行融资风险管控的标准等相关风险防范类问题,从而降低投融资各方的风险。

(二)推动知识产权保护

以陶瓷文化为核心要素的文化创意产业园的发展离不开陶瓷文化的依托作用,这就涉及陶瓷文化创意产业园内各陶瓷作品的知识产权保护问题。对于政府和相关部门而言,立法和严格执法是知识产权保护的基础,除此之外,还可以从以下几个方面对作品的知识产权进行保护。第一,制定政策来鼓励知识产权评估机构和产权认证中心等第三方机构的建立。第二,定期开展关于知识产权的普法宣传教育,提升人民的知识产权意识。同时,对有关对知识产权的违法行为,应当依照法律的制度严格执行处理,以达到警示作用。第三,文化企业可以联合共建知识产权保护协会。对于文化创意产业园经营主体而言,首先,可以引进相关法律专业的人才为园区内的企业提供法务支持;其次,可以在园区内搭建知识产权保护的平台,定期开展关于知识产权保护的培训学习和相关案例讨论活动,通过平台为有需要的企业提供知识产权保护服务。

(三)建立公共服务平台

景德镇市政府应当结合景德镇现状,推动文化创意产业公共服务平台的搭建并保障平台运行的有效性。在政府层面,搭建公共服务平台够促进陶瓷产业与其他产业的沟通和交流,发挥服务平台核心枢纽和桥梁纽带的重要作用。此外，政府可以利用平台，根据陶瓷文化创意企业的发展现状，组织开展一系列针对性和系统性的活动，整合各类社会资源，更好地为文化创意企业服务。在企业层面，搭建公共服务平台，一方面可以服务于企业知识产权的保护，另一方面也有助于企业快速获知政策、市场需求和金融贷款等相关关键信息，为企业经营决策提供支持。此外，搭建公共服务平台在陶瓷文化创意产业链完善升级以及品牌推广上也有积极的作用，能够增加景德镇陶瓷文化创意产业的知名度，扩大其影响力和竞争力。

（四）着力实施品牌战略

品牌在陶瓷文化创意产业发展中扮演着不可忽视的角色。当今时代，消费者对品牌内在实力的看重已超越了其外在特性，相较于品牌的辨识度和导向性，消费者更看重品牌背后文化企业内服务、管理、诚信和创新实力。因此，在建立陶瓷文化创意品牌的过程中，有几个关键要素需要考虑。

首先，在品牌建设方面，系统规范的外部标识是文化创意产业园品牌形象的可视化象征，通过引入CI设计理念并注册商标品牌，能够为企业带来无形的财富。

其次，在品牌打造方面，首先要加强品牌意识的自觉性，在全面的了解和综合的评价品牌价值的基础上，再进行战略层面的分析，拟定全面长远的目标和规划，在品牌打造的过程中有目的性和针对性地进行动态调整，在以质量为保障的前提下对品牌进行延伸，不断丰富品牌的内涵和外延，塑造品牌价值优势，进而依据发展规划针对性的引进战略性资源，实现文化企业和文化产业园的持续壮大。

最后，在品牌营销方面，要紧跟时代的步伐，全面发挥政府、园区、企业的作用，充分利用互联网及数字技术来提升品牌的知名度和影响力。政府相关机构应在官方网站上提供全面的景德镇文化创意产业介绍；文化创意产业园可以通过互联网自媒体平台，发布相关文字、图片、视频内容，开展品牌宣传推广工作；在举办各类活动时，产业园区应善于把握和制造易引发关注的热点话题，并借由传统媒体达到宣传目的；文化创意企业也不能忽视品牌宣传工作，应当组建专业化的团队，根据自身特点，结合线下调研及线上大数据分析，构建清晰的用户画像，定位目标用户，实现精准营销。

四、保护陶瓷文化，挖掘本土文化创意

（一）加大对陶瓷文化历史遗物的保护

景德镇历史文化悠久，文物遗存丰富，是全国首批24个历史文化名城之一。景德镇现存一百五十余处保护良好的瓷业遗址，九处全国重点文物保护单位，及一百余条里弄，古代陶瓷及民俗文化浓厚。同时，景德镇拥有国家级、省级文化产业示范基地13家、非物质文化遗产生产性保护基地8家、非物质文化遗产代表性传承人68人、非物质文化遗产保护名录26项，有巨大的陶瓷文化产业发展潜力。

因此，对景德镇来说，加强对文化遗址的保护和开发工作尤为重要。一方面要以更高的设计和建设要求、更多样的方式对文化遗址和建筑进行修复；另一方面，要积极挖掘传统陶瓷作坊遗址的潜力，为城市规划建设注入当地传统文化元素，突出地方文化特色，塑造地方文化形象，提升城市整体的文化价值和文化品位，推动景德镇文化产业的发展。

首先，要构建综合完备的陶瓷文化遗产保护体系。对文物资源的保护和管理，要建立标准化规范化的统一管理数据库；在对文化典籍资料的搜集、整理、编撰方面，要实施标准化和信息化工程。通过发挥政府的主导作用以及鼓励社会广泛参与，形成全方位全面的陶瓷文化遗产保护规划，推动文化保护规划与旅游发展规划有机结合。同时也要通过健全法律法规，严肃执法，加强文化遗产保护的力度。

其次，要确保陶瓷的历史文化遗产得到妥善保护。景德镇市政府应积极开展非物质文化遗产申报工作，大力支持手工制瓷技艺申报世界非物质文化遗产。同时，政府也要对濒临失传的非遗陶瓷技艺的传承问题进行干预，积

极采取措施，明确具体传承人，确保技艺能够有序传承。此外，政府也要注重名胜古迹的保护和开发，推动建立陶瓷文化生态保护实验区和国家陶瓷文化公园。

此外，要用科学的方法和手段对陶瓷历史文化遗产进行开发利用。加强对文化遗址的保护性开发，建设地标性文化设施。同时，鼓励将废弃、陈旧的工业设施用于陶瓷文化创意产业和旅游业的改造和再利用，培育和促进文化及旅游等相关产业的发展。

（二）大力挖掘本土文化创意

景德镇瓷器具有厚重的文化底蕴、精湛的工艺和独特的美学。例如，受到无数国人的追捧的"青花瓷"的形象就曾在北京奥运会闭幕式上登场，将景德镇瓷器独特的魅力展现在世界的舞台上。由此可见陶瓷的魅力历经千年仍经久不衰，这种文化价值能够起世界人民精神的共鸣，并受到广泛的追捧。

以"青花瓷"IP为例，相关部门应当规范"青花瓷"的形象的设计开发，强调陶瓷的文化传承和精湛工艺，以及与中国传统文化的深度融合，确保"青花瓷"的形象在具有现代美感的同时符合传统文化和艺术特点，以塑造规范、独特且有辨识度的"青花瓷"系列品牌形象。同时，还要鼓励企业以品牌形象为基础，开发艺术品、家居装饰品、礼品等相关文创产品，或将"青花瓷"元素运用到服装、鞋帽、玩具等衍生商品中，在行业自身发展的同时带动相关产业整体进步，为景德镇的经济注入强劲动力。

本土文化创意的挖掘首先应当注重对陶瓷文化资源深入开发。一方面，要通过深入的研究和调查，对现存的景德镇陶瓷历史文化传统和遗址有明确具体的认识；另一方面，要对保存下来的陶瓷文化传统和文化遗址进行系统性的梳理和整理。在此基础上对陶瓷文化进行保护和传承，通过将文化与产业结合的方式，揭示陶瓷文化中蕴含的元素和特征，并借助文创产品传达陶瓷文化的内在价值。

其次要以创意整合传统陶瓷产业。创意产业源自传统产业与特定文化的有机结合，文化是创意产业的核心资源，也是创意产品的价值所在。传统文化与传统产业的融合将赋予产业更高的文化价值，有利于提高产业竞争力。景德镇陶瓷产业呈现出以小作坊为主，缺少规模型企业的格局，当地产业很难在与国内其他产瓷区竞争中获取优势。景德镇政府应该致力于整合文化和产业资源，通过将文化融入陶瓷产业，推动产业转型升级。运用创意赋予陶瓷产业更高的文化价值，不断将文化、创意、技术融合，延伸产业链，形成独具特色的陶瓷文化创意产业，创造内容丰富的文化创意产品，提高品牌影响力与竞争力。

第三要利用高科技手段提升陶瓷文化创意产业的竞争力。政府应当借助当地陶瓷产业、技术研究平台，着力培养以高新技术陶瓷为引领的大陶瓷产业，发展自主研发、技术领先、环保低耗的优势产品，将自身打造成新材料、高技术陶瓷领域的产业高地，为景德镇陶瓷文化创意产业发展提供技术支持。

第五章 景德镇陶瓷文化创意产业园的发展与经验借鉴

本章介绍了景德镇陶瓷文化创意产业园的发展与经验借鉴，主要从以下五个方面入手，分别是景德镇文化创意产业园发展现状、景德镇文化创意产业园发展模式、景德镇陶瓷文化创意产业园特点、景德镇陶溪川陶瓷文化创意产业园案例分析、国内外文化创意创业园典型案例分析与经验借鉴。

第一节 景德镇陶瓷文化创意产业园发展现状

"新平冶陶，始于汉世"，两千余年的窑火造就了景德镇所独有的陶瓷文化底蕴，也铸就了景德镇"汇各地良工之精华、集天下名窑之大成"的特有社会现象。随着经济转型发展与传统的陶瓷工业产业日渐式微，陶瓷文化创意产业应运而生。陶瓷文化和陶瓷文化产业园作为景德镇最珍贵的资源财富，对景德镇的发展具有十分重要的促进作用。

景德镇有着十分悠久的制瓷历史。中华人民共和国成立初期，景德镇建设投产了十多家陶瓷制造工厂。但由计划经济向市场经济转变的过程中，一些制瓷工厂面临着转型的困境，有的甚至关门倒闭。这些工厂的主体建筑在过去几十年的发展历程中逐渐富有陶瓷工业的文化特色，并形成了加工贮藏原材料、制作成坯、成瓷烧炼的非物质文化遗产。景德镇正是在这些原有的工业遗产的基础上进行有效规划并逐渐建设出多种多样陶瓷文化创意产业园。另外，景德镇还拥有由当地陶瓷艺术家自发组织建成的三宝国际陶瓷艺术村和以历史建筑为基础的古窑陶瓷民俗博览区等。这些陶瓷文化产业园区现如今的定位和发展路径都不尽相同，都有着自己独特的特点。

景德镇除了将现有工业遗产改造成文化创意产业园以外，还引入许多大企业品牌建设新型陶瓷文化产业园。例如，目前尚在建的绿地国际陶瓷旅游城，其主办方绿地集团花费近200亿元在昌南新区开发了一座囊括陶瓷文化创意、酒店、旅游、购物和会展等各个产业、占地3000多亩的陶瓷文化旅游城。绿地集团带给景德镇的陶瓷文化创意产业园不仅仅是竞争，更是关于产业园区建设、经营和管理等各方面的丰富经验。这也从侧面反映了文化创意产业给景德镇带来的勃勃生机。建设与发展陶瓷文化创意产业园，不仅是为了传承和弘扬景德镇的千年陶瓷文化，更是景德镇这座古老又现代的城市在历史与现实的有机融合下、在科技发展和文化创新的指引下实现可持续发展的必由之路。

第二节 景德镇陶瓷文化创意产业园发展模式

一、以老工业遗产为依托的文化创意产业园

早在中华人民共和国成立初期，景德镇市政府便以民国时期的建国瓷业公司为基础创办了全国第一家公办陶瓷企业。为扩大生产规模，政府又于1958年将十家公私合营的瓷厂和九家制瓷生产合作社，合并成九家大型制瓷企业，与建国瓷厂共同组建了景德镇的"十大瓷厂"。然而，20世纪90年代后，由于企业改制，"十大瓷厂"几乎全部消亡，只留下一些废弃的制瓷厂房。这些后工业遗留的工厂在历时几年的荒废之后被重新激活，比如以雕塑瓷厂为基础创建的雕塑瓷厂文化创意产业园（雕塑瓷厂）、以宇宙瓷厂为基础改造的陶溪川国际陶瓷文化创意园，等等。这些文创园基本上都是在旧工厂中融入现代化的建筑艺术等创意，从而对老工业遗产进行改造，这样既没有破坏原有的工业文化遗产，同时向它注入了新的生机，吸引了众多文创人才，使其

文化创意集聚区的作用得到了最大程度的发挥。例如，雕塑瓷厂文化创意园，作为我国规模最大的陶瓷雕塑生产厂家，其前身雕塑瓷厂始建于1956年，在几十年的发展历程中，一代又一代雕塑人通过艰苦奋斗逐渐形成并保存了一条完整的雕塑陶瓷产业链，拥有十分丰富的人文景观和深厚的文化底蕴。雕塑瓷厂作为最早一批引进文化创意产业的平台，其在企业改制后成功地将文化旅游和陶瓷工艺生产结合起来。另外，其倾心搭建的大学生陶瓷文化产业平台，也吸引了全球各个地方的高学历人才和众多创业人士来此发展。迄今为止，雕塑瓷厂已拥有四十多个中外名家工作室和陶艺交流所，各种生产作坊、营销商铺等234间，其中数千名员工在"乐天创意"市集和"归然陶瓷"市集工作，雕塑瓷厂文创园每年可接待五十多万名参观者，年产值高达9000万人民币，年营业额7500万元。

二、以陶瓷手工艺术为依托的文化创意产业园

制作一件陶瓷产品，需要从原材料高岭土开始，再烧制瓷坯，最后在成型瓷胚上进行艺术创作，每个环节都充分反映着不同匠人的独创性。景德镇不仅是缔造瓷器的圣地，更是创造艺术的天堂。因此，各个地方的创作者都慕名而来，并愿意停留在此处专心创作。而景德镇也十分乐意接纳并吸收外来的新鲜事物。其中，最具代表性的就是三宝国际陶艺村。它保留了从配泥、拉坯、利坯、施釉、装窑和烧制这一连串陶瓷制造步骤中最原始的过程，由资深的陶瓷工匠亲自监督制造，对于陶瓷艺术家们而言，这么优越的条件无疑是一种无法抵挡的吸引力。三宝国际陶艺村从2000年开放至今，已经吸引了世界各地近千名陶瓷艺术家前来参观、学习、创作和交流，其中在此长期驻留的有500余人。三宝国际陶艺村在2002年也正式加入国际陶艺协会，包括意大利帕克桑文化中心三宝艺术工作室、联合国教科文组织陶艺大师工作室等各种国际陶艺交流机构和陶瓷创作者也相继在这里落户。同时，景德镇也充分利用这个平台为海内外陶艺爱好者举办了许多学术交流活动，2021举

办的三宝国际艺术周，就是中国景德镇国际陶瓷博览会的主要配套活动之一，它通过线上线下联动，为四海宾朋和市民献上了一系列关于生活美学的文化艺术盛宴，让陶瓷以更有烟火气的方式与世界对话。

三、以历史景点为依托的文化创意产业园

景德镇不仅有十分精湛的制瓷技术，更有着源远流长的制瓷历史。在漫长的岁月洪流中，一代代陶瓷工匠在千年不息的窑火中成长、创作，为景德镇留下了丰富的制瓷文化遗产。如高岭土矿坑遗址、瑶里古镇、御窑厂遗址、浮梁古县衙、古窑陶瓷文化博览区，等等。其中御窑厂遗址地处景德镇的中心地带，其前身为"御器厂"，始建于明洪武二年（1369），清朝康熙年间改名为"御窑厂"，是明清时期皇家御用的制瓷工厂。这里汇集了当时最杰出的各类陶艺大师，他们使用最优良的原材料，制作出的一批又一批精致漂亮的瓷器，被世界各大博物馆所珍藏。同时，其地下遗存也十分丰厚，已挖掘出土的文物中就含有明、清各个朝代的器物，是探索景德镇历史文化演变过程的重要依据。其中的文物既有不可替代的历史文化价值，更有极高的科学研究价值。另外，景德镇还利用御窑厂周围现有的历史建筑，设计并建造了一条陶瓷历史文化街区，并依靠御窑厂国家遗址公园的知名度，吸引游客前来亲身体验并感受陶瓷的悠久历史文化，实现陶瓷文化与旅游的完美融合。

第三节 景德镇陶瓷文化创意产业园特点

一、创意集聚

创意活动是通过大脑进行创作进而引发的一种活动，是创作者在深度理解陶瓷文化的过程中，经过大脑的思索，最终形成的新灵感和创意。以创意活动为基础，吸纳资金、分配投资，再利用市场营销，就可以达成创作成果的产业化。陶瓷文化创意产业园区是文化生产和消费的场所，是众多创作者

进行创作工作与生活的地方。它将大量具有不同文化特色的思想汇聚在一起，各种思想在这里聚集碰撞之后又可以不断涌现出新的想法和灵感。

二、文化包容

一个良好的创作环境是创意能力产生不可或缺的条件。传统产业依赖于专业化分工和合作，并构建了一个稳定完整的网络系统。完善的网络体系能够优化资源配置、增加信息交流、减少交易成本、为创意的产生提供优良的环境。原创性、异质性以及多样性是创意产品的根本特性，因此，过于有序、紧凑的网络体系反而会对创意产生造成负面影响。在陶瓷文化创意产业园区中，接纳多元化文化与观念、搭建自由的网络体系是提升其创新实力的关键途径。

三、高风险性

陶瓷文化创意产品以陶瓷为创作产物的载体，主要用于展示观赏和日常使用。陶瓷文化创意产业园在发展陶瓷文化创意产业中伴随着较大的风险。

首先是手工制瓷技术的不稳定性带来的风险。我国手工制瓷工艺是一种专业技术含量极高的制瓷技术，其制作流程分工明确，步骤划分详细，工序繁琐复杂，制造过程需超过1280℃的高温，手工制陶难度伴随着制陶温度的升高也逐渐加大。随着温度的升高，匠人难以手工操作、陶瓷釉面易裂开、陶瓷烧制颜色透彻度不够等问题逐渐出现，这些都极大程度上限制了优质陶瓷的成品率。

其次，陶瓷文化创意产业是一个新兴行业，其运作中存在着许多不确定的风险。目前，我国陶瓷文化创意产业的发展主要受到宏观经济趋势和消费者的偏好两大影响。陶艺作品作为一种财富、情感投资和保值工具，其市场发展与宏观经济环境密切相关。若宏观经济环境平稳，陶瓷艺术品市场兴旺；相反若宏观经济复杂动荡，则陶瓷艺术品市场陷入低迷。此外，消费者偏好也具有易变性、盲目性等特点。以上种种因素都极大影响了艺术品市场行情的稳定。

第四节 景德镇陶溪川陶瓷文化创意产业园案例分析

一、陶溪川陶瓷文化创意产业园发展概况

景德镇陶溪川陶瓷文化创意产业园占地面积达8.9万平方米，项目旨在推动地区产业升级和新型城镇化进程。该园区注重保护陶瓷工业遗产，通过一系列科学的措施，成功对陶瓷老厂房、隧道窑和煤烧圆窑等设施进行了抢修和维护，同时建设了一系列如博物馆、美术馆等与之相配套的服务设施，为园区保留了丰富的历史文化气息。此外，为增添更多的现代文化魅力，园区在招商上有针对性地引入了广州众上动漫梦工厂、猫的天空之城在内的国内外知名文化时尚企业，并吸引了众多来自海内外的顶级艺术大师。这一举措受到投资方的广泛认可，并成功吸引更多企业前来投资，这些社会资本的投入将为园区发展注入动力源泉，并有效促进经济发展和就业增长。这也使园区成为一个集文化旅游、会展博览、商业贸易和休闲娱乐等多种功能业态于一体的综合性场所。

景德镇陶溪川陶瓷文化创意产业园自向公众开放以来，通过多种综合措施和配套联动机制，为青年群体提供艺术交流和创新创业平台，鼓励青年群体围绕陶瓷文化进行创新创业活动。园区的努力得到了多项重要评定和多方认可，先后被授予了"省第一批现代服务业集聚区""省文化产业示范基地""省生态文明示范基地""省休闲服务业集聚区试点""全省青年（大学生）创业孵化示范基地"等荣誉称号，并成为景德镇首届最具成长性文化产业创新项目之一。同时，陶溪川文创园的规划与发展战略也获得住房和城乡建设部的高度认可，被选为城市双修产业升级与园区整合规划示范样板，并被列入2015年国家特色文化产业重点项目之中。

二、陶溪川陶瓷文化创意产业园的SWOT分析

本书使用SWOT模型对陶溪川陶瓷文化创意产业园的外部环境进行分

析,揭示其发展的优势、劣势、机遇和挑战,并据此为产业园未来发展战略的制定提供依据。

(一)优势

景德镇市委、市政府高度重视文化产业的发展,明确以景德镇复兴为目标,将景德镇打造成环境友好、开放包容的旅游名城的目标,鼓励对"十大瓷厂"等历史性陶瓷工业遗存的厂房、机器、文化等资源的保护性利用,推动传统陶瓷制造业转型升级,使传统陶瓷业与文创产业、现代服务业深度融合。这些政策环境为陶溪川陶瓷文化创意产业园的发展提供了稳定的政策保障和资金支持。

陶瓷文化作为中国传统文化的重要组成部分,在国内外具有广泛的受众和巨大的市场潜力。景德镇作为"千年瓷都",拥有丰富的陶瓷文化和文物遗存可供深入挖掘和开发。其周边的丰富旅游资源和景点以及独特的艺术文化活动,都能够吸引大量的游客、艺术家、设计师和学者的关注,他们的交流与合作为当地文化产业的发展带来了更多的创新思路和商机,这使陶溪川陶瓷文化创意产业园在市场竞争中具备了独特的优势。

陶溪川陶瓷文化创意产业园已竣工并投入运行,它以陶艺为基,以文化为链,以保护为标,对当地文化艺术的传播、交流、保护有着积极的作用,还推动了当地的就业创业,带动了旅游业的增长,具有显著的经济和社会效益。为此陶溪川受到了上级领导的高度重视和关注,各级领导多次实地视察,并对园区的建设和发展给予了高度肯定。同时,陶瓷川这种融合陶瓷基因、多元文化和复合发展的特征,以及构成的文化价值和创新理念在国际范围内引起了广泛的关注,众多知名人士对于"陶溪川"现象表现出浓厚的兴趣。陶溪川在江西省的评定中荣获多项殊荣,被列入江西省的重点工程项目,并于2016年被国家住建部确定为城市双修项目(即城市修补、生态修复)的典型代表,成为中国陶瓷工业遗存转型升级的典型案例,极具先导性和示范性。

（二）劣势

首先，陶溪川缺乏具有显著影响力本土知名企业，本土品牌培育缓慢。尽管有 B&C 国际设计中心、北欧艺术中心、韩国利川陶艺协会、景德镇国际工作室、美国门县陶艺中心等艺术机构的入驻，以及猫屎咖啡、胡桃里音乐餐厅、猫空书吧等餐饮品牌的入驻，但这些著名的品牌基本上都来自外地，几乎没有本土知名品牌。所以陶溪川文创园的当务之急便是打造属于自己的龙头品牌。

其次，缺乏管理人才。陶溪川文创园目前由景德镇陶邑文化发展有限公司负责运营和管理。然而与传统的陶瓷工业相比，文创园区更需要一支具有远见和创新能力的管理团队来进行有效运营和管理。园区的经营管理人员不仅需要具备全面管理能力和行业专业知识，更需要对景德镇陶瓷文化有着深入的研究和独到见解，这也是目前陶溪川文创园所面临的难题之一。

最后，景德镇市政府对关于陶溪川文创园的一些相应政策扶持力度不足。尽管陶溪川文创园积极响应国家的创业创新政策，通过建立创意集市、邑空间商城、线上邑空间和邑讲堂，为景漂青年以及大学生提供了双创和交流平台，推动了青年创业，但配套的税收、融资政策不够健全使园区依然面临困境。

（三）机遇

近年来，景德镇文化产业发展势头迅猛，逐渐在国民经济中扮演着重要角色。以景德镇古窑、皇窑为代表的涵盖陶瓷研究设计，文化创意服务等多个领域的项目成功获申国家级或省级文化产业示范基地，这些以陶瓷文化为主导的文化产业示范基地为景德镇陶瓷产业发展注入了活力。在 2022 年，陶瓷及文化创意产业增加值增长 22.1%，文化产业获得了蓬勃发展。而作为从传统制瓷业成功转型的代表，陶溪川这种以陶瓷文化为根基，融合多元文化复合发展的独特产业园区，也将迎来高速发展，成为中部地区集文旅、休闲、创业等多功能于一体的综合文化中心。

陶溪川文创街区由知名战略策划机构王志刚工作室担任总策划，并与清华城市规划院合作进行整体规划和设计。根据规划，陶溪川文创园区有着集文化、旅游、工业、国际交流于一体的重要战略定位。为推进园区的发展，采取政府扶持、企业主导和市场化运作的模式，并制定了统一目标规划和阶段性实施的策略，这为园区未来的发展奠定了坚实基础。

（四）威胁

首先，景德镇已有的"十大瓷厂"相继被改建为与之相对应的陶瓷文化创意产业园，园区之间并没有形成各自的定位和特色，缺乏独特发展道路的探索，因而加剧了内部竞争。这种同质化的发展方式可能导致园区之间的竞争趋同，限制了陶溪川园区的特色与差异化发展，也难以实现长期可持续发展。

其次，陶溪川园区的文创企业入驻率仍有提升的空间。目前，大部分招商投资项目集中在餐饮、娱乐等领域，且招商情况已接近饱和。因此，未来能够吸引更多文创企业入驻的空间相对有限。

最后，当前园区内的文创企业未能形成有效的产业链，各个企业仅仅是独立经营，缺乏协同合作，并没有展现出产业园互利共赢的商业运营模式，无法发挥出园区的产业集聚效应。

第五节 国内外文化创意产业园典型案例分析与经验借鉴

一、国外文化创意产业园典型案例

（一）德国鲁尔工业区

德国鲁尔工业区是一个从重工业成功转型为文化产业的典范。德国鲁尔工业区坐落于德国西部，位于莱茵河下游、利伯河和鲁尔河之间，作为南北欧之间的重要联结点和东西欧贸易主干线，具有重要战略地位和优越的地理

陶瓷文化创意产业园产业链的构建

位置。除此之外，当地蕴藏的煤炭量约占德国的75%，其丰厚的煤炭资源也是成就鲁尔工业区必不可少的条件。被誉为"德国工业的心脏"的鲁尔工业区作为欧洲最大的工业区之一，拥有丰富的资源和发达的基础设施，为经济发展提供了有力支撑。该区域集聚了众多重要工业城市和产业集群，包括能源、化工、钢铁、机械制造等领域，这些产业的相互配合和协同发展，为整个区域经济注入了强劲动力。然而，自20世纪50年代以来，石油开始替代煤炭成为主要的工业能源以及外国钢铁行业迅速发展，鲁尔工业区的钢铁业进一步遭受了沉重的打击，老旧工厂逐渐停产，工人们失业的问题日益突出，同时环境污染也为工业区带来了严重的压力，这迫使当地政府不得不进行工业结构转型。

然而，当地政府对德国鲁尔工业区的转型改造并非盲目行事，而是经过深入研究和分析后才采取的有针对性的战略和措施，并发布了该区域发展和复兴的总体计划，强调产业转型与经济、环境之间的协调发展。该计划以创造就业、修复环境、振兴经济为目的，首要措施便是改造废弃厂房，引进文化创意产业，该综合计划涵盖了众多项目，时间跨度长。

早在20世纪60年代后期，鲁尔工业区就已经展开了一场大规模的产业结构调整，对机械化水平、生产效率落后的公司进行关闭、停业、合并、转型。为充分利用鲁尔工业区的潜力，政府采取了多项举措。一方面，一些废弃工厂被改造成博物馆，供游客了解鲁尔工业区的历史发展；另一方面，一些工业园区经过整体改造成为了景观公园，例如曾经的蒂森钢铁公司的停业厂区，现已成为北杜伊斯堡景观公园。同时，为了促进旅游和商业发展，以金属矿业为主导的奥伯豪森城市在鲁尔工业区建立了大型购物中心。政府对鲁尔工业区采取积极措施，不仅在产业调整方面做出了努力，还成立了"鲁尔区科技创新基金"，以支持企业科研活动和高科技产业的发展，从而提升该区域的整体实力。

从德国鲁尔工业区的转变历程来看，其第一步做的就是综合考虑自身发展状况并进行全面规划，而不是盲目地开工建设，在此基础上形成了文化创意与工业协同发展的独特模式。景德镇面临着许多同鲁尔工业区相同的问题,如大量淘汰废弃的工业厂房需要处理以及亟待解决的工业产业转型等各种问题。因此,景德镇在开发文化创意产业园时,应当合理借鉴并学习鲁尔工业区成功转型的经验,科学制定符合自身情况的规划方案,对废弃工厂进行合理地改造重组,有效回收再利用土地等等。

(二)美国纽约 SOHO 艺术区

SOHO 艺术区位于纽约下城的南休斯顿街(South of Houston Street),这个地区最初是移民的休闲居住区域。随着工业的崛起,这里兴建了大量厂房用以生产各类工业产品。由于这种独特的区位优势,19 世纪末,众多企业开始在这里拓展业务,SOHO 逐渐成为工业和商业的聚集地。然而,由于交通设施建设陈旧,兴修下城快速路计划被搁置,这严重打击了当地的工商业,工厂商户开始外迁,SOHO 面临发展困境。后来纽约市政府采取措施将 SOHO 地区重新规划,引导地区发展文化和艺术产业。通过政府的支持,具有文化艺术才华的人才向 SOHO 地区聚集,SOHO 地区逐渐成为一个充满活力和创意的文化中心,逐步焕发出了新的生机和活力。

如今,SOHO 地区融合了艺术、文化和商业气息,吸引了大量艺术画廊、设计工作室、时尚品牌和独立小店入驻,道上充斥着新鲜的艺术作品和时尚潮流,各种创意产业和个性品牌蓬勃发展。同时,这里的建筑也经历了改造,独特的砖石建筑和铸铁门窗成为其标志性的特征。SOHO 地区已经被打造成为纽约市最具创意和潮流的地区之一。

SOHO 的转变展示了城市发展的动态性和适应性。从工业区到艺术中心的转型,反映出了社会对文化和创意产业的不断追求和重视。SOHO 的成功转型为其景德镇如何通过利用文化和艺术发展来改造和重塑城市形象,创造独特而有活力的社区提供了启示。

首先,SOHO 区的商业发展来源于艺术,同时也从艺术中获益。该区域的特殊之处在于这里无处不是艺术,艺术已渗入到它的每个角落和每个

SOHO 人的血液里。在这里，每个商家都在竭尽全力地展示自己商品的艺术性，而来此消费的顾客也都是特色商品的探寻者，而不是品牌跟随者。可以说，整个商业区的艺术气息不仅感染了商家，也深深地打动了消费者。通过 SOHO 区内的艺术传承，创造出了弥漫着艺术气息的环境，从而成功地构建了一个艺术商业区域。

其次，是对 SOHO 艺术品牌的商业资本投入。SOHO 中艺术品的商业价值是它成功由艺术园区向商业区转变的经济基础。对于资本来说，艺术有很高的利用价值，也就是所谓的品牌效应，SOHO 的艺术品牌为资本的运作带来极大的推动作用。例如，著名艺术家查克·克劳斯由一个默默无闻的学生变成如今 SOHO 的"金牌"，全球超过 30 多家博物馆都收藏了他的作品，这无疑是 SOHO 自身和商业资本一笔珍贵的财富。此外，该地还汇聚了来自不同领域的众多艺术家。这些都成就了 SOHO 作为艺术的圣坛，也让它在国际上享有极高的声望，进而吸引全球的商业投资。

从 SOHO 艺术区的案例中，我们不难发现一个园区必须拥有其特有的亮点，才能将商业资本引入园区解决自身的资金难题。景德镇的陶瓷文化创意产业园拥有丰厚的陶瓷文化，但要想将陶瓷文化和商业资本融合发展，就必须培育出属于自己的特有"旗帜"，就像 SOHO 的艺术家属于 SOHO 区中独有的"旗帜"一样，如果资本意识到了他们的价值，那么外部的资金投入便会自然而然地涌入。因此，应该促进文化自然地融入商业中，而不是让商业慢慢破坏文化。

二、国内文化创意产业园典型案例

（一）北京 798 文化创意产业园区

北京 798 文化创意产业园，又称北京 798 艺术区，它的兴起和发展历程就与前文提到的 SOHO 艺术区非常类似。曾经被称为"新中国电子工业的摇篮"的 718 联合厂（北京 798 文化创意产业园的前身）于 1954 年建立，1957

年 10 月开始运营生产。其营运一直延续到 20 世纪 90 年代。由于市场经济的冲击影响，798 厂逐渐衰落，该工厂生产的产品无法满足市场的需求，导致工人失业和下岗，最终被迫关闭。后来，该厂经历了改造和重建，成为今天著名的北京 798 艺术区。

1964 年 4 月，上级主管单位关停了 718 联合厂的建制，并成立了 706 等六个厂。到了 2000 年，这六个厂被合并重组成为北京七星华电科技集团有限责任公司。此后，该公司在进行产业转型时，决定将一些闲置的厂房出租给外部使用，以配合大山子地区的规划改造。正是这一举措，引起了众多艺术机构和艺术家们的兴趣，他们将这些厂房租来并进行了相应的改造。后来，这些机构陆续进驻原 798 厂的旧址并在此处逐渐建立设计室、艺术展示空间、时尚店铺、餐饮酒吧等文化机构。随后更多的艺术工作室也加入进来，逐渐使这个地区演变成一个多元化的文化空间，也就是现如今著名的北京 798 艺术区。

目前，北京 798 艺术区已经被逐步发展定位为现代和当代艺术展览和交易的核心区域，并且在该基础上进行其他相关文化艺术行业的发展。迄今为止，入驻园区的企业已达数百家，并且在此处每年都会举办数百场品牌新品发布会和各类展示活动。自 2007 年开始，北京 798 艺术区成立了建设管理办公室，专门对该区域进行了全面的升级改造，比如拆除了一批违建，建设了大量停车场和景观广场，有效地改善了园区的公共服务环境水平，这也代表着一直处于自由发展状态的"798"终于开始走上了"正轨"。

北京 798 艺术区在发展中具有显著的特点，成功凭借着产业集群效应，吸引了各个国家和地区的游客前来参观，推动着该区域影响力的不断扩大，并使之成为国内外游客旅游的必选之处。此外，北京 798 艺术区的发展也带动了周边十多个文化艺术集聚园区的建立，将集聚效应发挥到极致。例如，751 北京时尚设计广场便是很好的例证。该地吸引了大量国际、国内时尚品牌和时装设计师前来，为经济创造了数十亿元的年产值，这让 751 成为北京时尚创意产业的一面旗帜。综合以上的集聚效应，北京 798 艺术区得以成长为现在的模样。

除此之外，北京798艺术区的发展也离不开政府的大力扶持。在经济方面，朝阳区政府每年向北京798艺术区投资三千多万元来完善基础配套设施。在政策层面，当地政府也颁布了关于艺术区的发展指南，为北京798艺术区的进一步发展提供了强有力的支持。除此之外，当地政府还在规范园区市场准入方面采取了相应的措施，政府鼓励有核心竞争力的艺术机构和文化企业入驻艺术区，为园区的发展指明方向，建设并健全管理体系。在政府的大力扶持下，北京798艺术区成为一个推广利器。

当然，北京798艺术区的发展也不是一帆风顺，它在发展历程中也遇到了一些问题，其中最主要问题就是艺术和商业价值之间的矛盾。对于北京798艺术区来说，艺术家群体的存在是确保整体性的第一要素。基于北京798艺术区是在艺术文化这一基础上建立起来的艺术产业的原因，其内部的生产、流通、消费各环节都必然会受到市场经济发展规律变化的影响。同时，北京798艺术区作为一个艺术产业具有商业性和营利性的显著的经济特征。所以，当这两者产生矛盾时，必须优先保护艺术家群体这一最珍贵的资源，因为没有艺术家，"798"只是一个失去了创造力的产业，这样的话，也就不存在北京798艺术区了。

（二）深圳设计之都创意产业园

著名的深圳设计之都创意产业园是深圳最具代表性的工业类设计园区，它的存在对打造当地"设计之都"有着至关重要的影响。该园区的原身是田面工业区，在20世纪80年代创建，园区共建立了6座厂房和4栋宿舍楼，聚集了共51家企业，服务范围覆盖了汽车维修类、五金加工类、服装加工类和餐饮类等多个区域，当时该园区总年产值不到7000万元。

田面工业区地处深圳CBD的中心地段，地理位置十分优越。21世纪初，该工业区面临着产业升级转型的压力。在2006年11月，改造的契机出现。灵狮文化产业集团有限公司看中了田面这块"宝地"，为此投资1亿元，深度地进行了规划和设计，决定将园区定位为一个以工业设计为主导的文化创意产业园区,对田面工业区的 10 栋工业厂房进行翻新,使其摇身一变成为"设计之都"。该园区于 2007 年对外开放第一期,吸引了来自全国各地超过 160 家知名的工业创意的设计公司,这些公司当中有多家知名的世界品牌企业。目前,在设计之都创意产业园进驻的企业当中,全国性的龙头企业占 80%,包括嘉兰图、心雷、洛可可等中国工业设计领军企业以及靳与刘设计、叶智荣设计等 30 多家香港及欧美龙头设计企业中国总部和机构代表处。据统计,该园区年产值已达数十亿元,达到最初产值的十倍以上。现在的田面少了工厂的嘈杂,多了不少文化味。

在运作方式上,深圳设计之都创意产业园有非常独特的地方,它不再是传统意义上的"地主",而是构建了市场化的产业链的运营模式。灵狮集团在产业园区内搭建了许多各种各样的中心。例如,深圳设计中心,以世界顶尖的工业设计团队为核心,致力于实现将最先进的设计落地成真,为我们的日常生活带来新颖、便捷的产品;深港设计中心则是专注于品牌的打造和推广,并以此为基础建立了多个平台,包括产品体验平台、资本链平台、品牌创新平台、人才平台等。软硬件一体化的产业链的商业运营方式,给园区带来了丰富的产业价值。

深圳设计之都创意产业园在搭建平台方面也有着独特见解,值得其他地区借鉴。深圳设计中心平台建设的宗旨在于将最新的设计成果转化为便利、新颖和独特的新产品。也就是说,一旦园区内的设计企业开发了专利产品,该平台就能够及时将设计专利转化为新产品,并将其研发出的新产品同市场相联系。在这个平台的支持下企业设计专利可以持续地转化为产品,让入驻的文化企业更能够专注于自己的创作。

另外,园区从一开始就十分注重品牌的树立。品牌的推广需要平台的支持,园区现已搭建有设计之都电子商务平台、中国国际品牌设计商年展推广平台、在《狮尚》工业设计平台推广内刊、与柏林设计中心合作建立欧洲推广平台、与国际工业设计联合开展合作共同建立的行业推广平台等多个品牌推广平台等,这些公共服务平台,为企业品牌的树立和可持续发展奠定了坚实的基础。

三、经典案例对景德镇的发展经验借鉴

上述列举的四个国内外经典例子，文化创意产业园都是通过工业遗产改建而成的。这四个案例的改造方式以及改造后运营发展的模式都独具特色，再结合其他类型工业遗产改造案例的经验，我们将总结以下几个方面经验，以应用于景德镇陶瓷文化创意产业的发展。

（一）工业遗产的可持续利用

目前世界上大多使用保护利用和改造利用两种方式来对工业遗产进行可持续性利用。上文论述的纽约SOHO艺术区和成都东郊记忆都是将工业遗产进行改造并保护和利用，这些项目从一开始就明确了工业遗产在其发展中所起到的作用。比如，SOHO艺术区的改造主打旧时代特色，在改造时注重保留原貌，对外立面没有进行任何改动，保留了最初的样子，而建筑内部的结构与设计则开放给艺术家们自由创作。成都东郊记忆案例中的规划方案则强调的是"保留为主、新旧协调"的原则。对于文化创意产业园来说，正是由于这些"旧"建筑物的保留，才赋予了其独特的文化魅力，并且为文化创意产业园的可持续发展奠定基础。

再比如北京798艺术区等文化创意园，是在原有旧工业厂房的基础上对其进行了现代化的改造，并结合了现代社会提倡的环境保护和节约理念，在保持原有的工业元素的同时，加入现代的文化艺术，这也保证了在改造之后实现对工业遗产的可持续使用。

对景德镇而言，更好的做法是在对文化进行保护的基础上进行改造，其中的"保护"主要是通过保留能够反映旧时代工业生产状况的建筑痕迹来实现，如烟囱、轨道式的气窑等。同时，在总体规划的指导下，对遗留下来的生产厂房和陶瓷作坊进行现代化改造，将其与当地的历史和文化相结合，把现代的文化艺术融入进去，促进景德镇陶瓷文化创意产业园的长远发展。

第五章　景德镇陶瓷文化创意产业园的发展与经验借鉴

（二）文化导向性

纵观世界各国文化创意产业园的发展历程，无一不与"文化"二字紧密相连，每个产业园的文化内核都引领着今后的发展趋势。关于工业遗产型文化产业园的发展方向，应当以旧时代的工业文化为首要保留和展示对象，其次则是要体现旧时代的城市文化。再者，可以在前两点的基础上适度地增添一些现代文化的元素，并将文化作为核心来引领文化创意产业园的前进发展。

继续用前文提到的北京798艺术区来举例，在北京798艺术区里，我们能够明显感受到被保留下来的旧时代的生产厂房、仓库、工具和机器设备等物品，人们可以通过这些建筑与物品领会到其中的文化内涵。同时，将过去的和现代的文化元素相结合，使得北京798艺术区成为一个以艺术为文化导向的地方，再通过艺术品展览及交易等活动，为艺术区营造出独特的文化氛围。这种独特的艺术文化氛围不仅推动着北京798艺术区的持续发展，也对北京798艺术区提出更严格的要求。

景德镇陶瓷文化创意产业园也具有强烈的文化导向性，它以陶瓷工业文化为核心。因此，在改造"十大瓷厂"时，应注重突出自身特色文化。例如，宇宙瓷厂可以利用其作为景德镇第一个机械化瓷厂所留下的历史工业遗产，从机械工业的角度打造陶瓷文化；建国瓷厂则可以围绕其作为首家国营、规模最大的瓷厂特点建立相应的文化底色；雕塑瓷厂则应集中于雕塑创作，以此作为文化导向。景德镇陶瓷文化创意产业园建设应以各种类型的陶瓷文化的引导为基础，最大限度地发挥这些工业遗产的可持续利用价值。

（三）政府与企业的角色定位

从之前所述的德国鲁尔工业区的转型历程可以看出，在地区内的文化创意产业园区的建设中，政府的有效引导起到了非常关键的作用。政府在政策扶持方面需要关注市场经济的发展规律，以市场为前提来充分发挥对文化创意产业建设的引导作用，引导工作要做"到位"而不"越位"，要始终明确企业才是产业园建设的主体这一思想。另外，对于产业园周边基础设施的配套建设，政府还需进行合理的规划，有效地发挥指导作用。

除了对文化创意产业园的发展进行引导以外，政府还应构建出一套完整的文化创意产业绩效评估体系，应将诸如企业经营绩效、综合服务水平等方面的动态考核因素纳入其中，而不是单纯的以生产总值等经济指标作为其考核的主要要素。实施一套详细且严谨的绩效评估体系不仅有助于政府了解产业园的发展情况，并且可以在园区的政策扶持方面做出准确的分析和判断。与此同时，企业也可以通过该绩效评估体系根据评估得出的结果，有针对性地对企业的经营管理进行改进。

作为文化创意产业园的运营公司，其职责就是作为该产业园的运营主体。从运营的角度进行分析，景德镇文化创意产业园可以借鉴深圳设计之都文化创意产业园的运营方式。深圳设计之都在产业链和平台构建这两个方面都存在独特之处。从产业链的角度来看，该产业园为许多具有创意的人才提供了一个产业集聚的环境，在这个环境中，小群体之间相互组合形成一个个供需关系，进而构成一个更大规模的供应链集群，通过集群发挥出更大的规模效益。对于一个优良的服务平台而言，供应链的形成十分关键。从平台构建的角度来看，深圳设计之都拥有深港设计中心、设计之都电子商务平台等服务平台，在各类平台的作用下，产业园的设计成功进行转化形成产品，并最终抵达顾客的手上。

通过在文化创意产业园区搭建各类平台，可以很大程度地促进园区内企业的深入发展，特别是，搭建政府的公共服务平台对于园区以及周边地区的整体发展至关重要。例如，政府的公共服务平台中提供的投融资服务、专业化的人才培养服务等一系列项目，可以为文化创意产业园提供在构建方面和运营方面的支持作用。此外，政府还可以主导建立相关协会或产业联盟，与其他区域的产业园进行交流学习，借鉴实践中的成功经验，进一步优化当地的文化创意产业园的发展建设。

第六章　国内利用试验区发展文化产业经验总结

随着社会经济的发展，我国现代公共文化服务体系基本建成，文化产业不仅成为国民经济中的重要组成部分，在促进我国经济增长、优化经济结构方面发挥着举足轻重的作用，同时也成为国家未来将重点打造的支柱性产业。目前，国内外文化产业发展经验均证明设立专门文化产业发展区域，并在区域内予以政策、资金倾斜，不仅可以刺激文化产业发展，更能够进一步推动区域经济发展进步。近年来，国内各个省市区域涌起一股"试验区"建设热潮，这些区域作为我国改革创新的高地，具有创新性、先进性和开放性的特征，对于产业的创新发展具有重要的意义。

景德镇国家陶瓷文化传承创新试验区是国务院批复设立的首个文化旅游类试验区，对景德镇陶瓷文化产业的传承和创新发展具有重要意义。首先在国家陶瓷文化传承创新试验区设立之前，国内没有文化旅游类试验区建设经验，但现有"试验区"中有较多片区的发展方向涉及文化产业的发展与升级，因此，这些片区发展文化产业的经验总结，能够为国家陶瓷文化传承创新试验区建设及发展文化产业提供更加广阔的思路和切实可行的参考范例。其次，国内外的先进经验也告诉我们，在文化产业发展中，必须兼顾市场需求和文化固有特质。而借鉴现有试验区发展文化产业的模式和方法，则可以帮助我们更好地理解文化消费市场，有效满足消费者的需求，并且更好地发扬景德镇陶瓷文化元素的影响与价值。因此，对于国内文化产业相关的"试验区"

和"基地"的建设经验进行总结对于景德镇陶瓷文化创意产业利用"试验区"建设实现优化升级发展具有重要意义。

本章对国内利用试验区发展文化产业经验进行总结，从自由贸易试验区发展文化产业的优势、上海自贸区发展文化产业的经验、内陆自贸区发展文化产业的经验、自贸区经验对景德镇利用国家陶瓷文化传承创新试验区发展文化创意产业的启示四个方面展开论述。

第一节 自由贸易试验区发展文化产业的优势

自2013年上海自由贸易区挂牌成立以来，其便成为我国先行先试的前沿阵地，而文化产业一直是上海自贸区发展建设中的关键内容。2015年，《关于加快实施自由贸易区战略的若干意见》明确提出"加快发展对外文化贸易，创新对外文化贸易方式"，2018年上海自由贸易试验区文化贸易总额突破400亿元，相较于自由贸易试验区成立之初的5亿元增长了近80倍，同时自由贸易试验区也较好发挥了带动区域整体增长的作用，2021年上海文化贸易总额首度突破千亿元。

整体来看，自由贸易试验区在发展文化产业上具有得天独厚的优势。首先是政策优势。作为改革开放的政策高地，目前大部分自由贸易试验区的发展规划中都有涉及文化产业的促进政策，这些政策为文化产业发展提供了良好的政策环境。其次是要素集聚优势。自由贸易区由于政策、资金支持，在试验区内汇集了大量国内、国际文化企业和相关服务机构，形成了以文化创意产业为主体的产业群聚效应，这使得相关行业内部形成了完整而健康的产业链体系；同时自由贸易试验区还吸引和培养了包括艺术家、设计师、编剧、营销策划在内的各类专业人才，为文化产业的创新、升级和转型提供了源源不断的动力和支持。第三是营商环境优势。自由贸易试验区通过逐步推进投资和贸易自由化、便利化，扩大了国际合作渠道，提高了开放程度和市场准入门槛，让文化产业在更加公平、透明、有序的环境下发展，促进了文化产业优化发展。最后是交流创新优势，自由贸易试验区具有较高的开放性，由于政策原因，大量国外文化贸易企业在自贸区聚集，这将促进我国现有文化产业领域与国际先进经验的交流与学习，提高文化产业行业的国际化程度，同时在交流和碰撞中为新业态、新模式提供创造空间，也有助于进一步提升文化产业创新能力，加强整个产业生态的繁荣。

第二节 上海自贸区发展文化产业的经验

上海自贸区是我国最早探索开展艺术品交易和文化贸易的自贸区。作为中国的经济发展中心之一，上海发展文化产业的时间较长，文化市场成熟度较高，是引领国内文化产业发展的龙头。2013年至今自贸区的艺术品进出境货值累计已超700亿元，其中2021年艺术品进出境货值超过175亿元，成为新的历史高点。上海自贸区在推动文化产业发展上也取得了卓越的成效，其发展文化产业的经验对景德镇国家陶瓷文化传承创新试验区建设和发展文化产业具有较大的借鉴意义。

一、制度创新推动文化产业创新发展

上海自贸区作为改革开放的前沿阵地，制度创新一直是自贸区建设的核心内容。自贸区出台的系列政策有效促进了文化产业的创新发展，提高了文化产业的国际竞争力。本书主要从促进自贸区文化产业发展的整体政策和文化产业开放促进政策方面展开。

上海自贸区在先行先试改革中探索了一套与国际贸易接轨的经济制度体系，从而实现以制度创新释放改革红利。这些政策适用于自贸区所有产业，对文化产业发展同样具有推动作用。第一是以负面清单（Negative list）管理为核心的投资管理政策创新。负面清单管理制度以明确的清单列出我国限制、禁止外资企业开展商业活动的行业，没有在清单上的行业，外资企业可以自由开展商业活动。负面清单简化了外资进入自贸区相关文化产业的审批，促

进了文化贸易开放。第二是"一线放开、二线安全、高效管住、区内自由"等贸易监督管理制度的创新，转变了文化产业的监管模式，为文化艺术品的国际贸易带来了巨大的便利。第三是自贸区的保税、免税、缓交关税等相关税收制度创新能够降低文化企业的生产经营成本。第四是人民币跨境使用和人民自由兑换等金融制度的创新，这为国内企业和个人购买国外文化艺术产品以及国外文化艺术产品进入中国市场提供了极大地便利，促进了文化贸易企业贸易和投资行为的开展。第五是在法制保障方面，上海自贸区先后成立自贸区法庭、知识产权法庭、自贸区仲裁院，这些政策有利于建立文化企业征信、保护文化企业知识产权等相关权益、减少文化贸易摩擦与纷争。第六是"准入即营业"、"一站式服务"等行政服务政策，降低了文化产业企业进入市场的门槛，有利于文化企业在园区内集聚，优化了文化产业发展的营商环境。

文化产业开放促进政策方面，2014年《文化部实施上海自贸试验区文化市场管理政策通知》《中国（上海）自由贸易试验区文化市场开放项目实施细则》相继发布，对外资企业在自贸区内能够开展的业务范围进行了调整扩大，外资企业可以在符合规定的情况下开展游戏游艺设备的生产和销售、设立外商独资演出经纪机构、设立外商独资的娱乐场所。2015年《上海市开展"证照分离"改革试点总体方案》落地运行，其中涵盖出版、影视、演艺、拍卖、广告等文化相关产业32项；2016《关于在自由贸易实验区内暂时调整有关行政法规、国务院文件和经国务院批准的部门规章规定的决定》发布，允许在全国所有的自贸实验区内设立从事其他印刷品印刷经营活动的外资企业。这些稳步推进的文化产业开放举措，有利于推动外资进入我国文化服务业，有利于吸引国际上与文化产业有关的资本、技术、人才等中高端资源。

二、打造文化产业集群，构建良好文化产业生态

打造文化产业集群，形成文化产业规模优势是上海自贸区发展文化产业的显著特点。依托围绕国家规模最大的上海国家对外文化贸易基地打造的文

化产业服务体系,充分利用自贸区在的负面清单管理等政策为文化企业经营和发展打造良好的营商环境,上海自贸区在建设过程中快速吸引了大量文化产业在自贸区内落地。截至2020年,上海自贸区内聚集的全球文化企业数量已超过1400家,如中国图书进出口上海公司、新汇集团、时空之旅、华谊兄弟、香港寰亚、佳士得拍卖、韩国CJ等。自贸区内企业完成文化商品进出口额达196亿元,占上海市文化商品进出口额的44%。伴随着自贸区对外开放力度的逐渐加深,国内外文化贸易企业在文化产业的各个领域各显所长,文化产业在自贸区内焕发勃勃生机。

企业在时间和空间上的简单汇集,并不能够实现产业的优化发展,应该建立一个良好的产业生态圈。上海自贸区在发展文化产业过程中一直致力于文化产业生态的打造。首先上海自贸区在投资、贸易、市场管理等方面体现了高度的便利化,降低了文化产业的市场准入门槛,为各类企业提供了平等竞争的公平条件,为文化产业发展营造了良好的外部环境。其次,产业集聚使得园区内形成结构完整、功能完备的文化产业链,使得文化企业之间的要素、产品流转更加畅通。第三,同类型企业的汇集能够形成良性竞争,竞争有利于提高文化产业从业者的积极性和创新意识,让他们更有动力推出更具特色和市场价值的作品和产品。第四,上海自贸区内汇聚了众多高素质、高水平的文化产业人才和科研机构,形成了一个文化创新的生态圈。这些人才和机构紧密合作,充分发挥各自的专业优势,共同推动文化产业向更高水平、更高质量、更高标准的方向发展。

三、着力打造文化产业服务体系

文化产业服务体系的打造对于营造良好文化产业生态,促进文化产业的发展和繁荣至关重要。上海自贸区立足于自贸区政策优势、园区内文化产业发展模式和需求,打造了多平台协同的文化产业服务体系,该体系提供了一个集成的、多维度的服务模式,可以有效整合各类业态、资源和需求,加强自贸区文化领域内不同经营主体之间的协作,从而实现资源共享和利益互惠,进而实现深层次的价值传递。具体来看，上海自贸区的文化产业服务体系主要由以下几类平台构成。

（一）国家对外文化贸易基地

国家对外文化贸易基地（上海）是我国首个挂牌的国家对外文化贸易基地，也是自贸区内唯一专门服务于文化贸易促进与发展的公共服务平台，该基地能够提供国际展销、国际结算、贸易代理、物流运输、保税展示仓储以及金融保险等综合配套服务。该基地在建设发展中始终坚持部市共建合作机制和公共服务平台的定位，成为全国文化贸易促进与发展的重要公共服务平台和对外拓展窗口。截至2023年，基地集聚了963家文化及相关行业企业，吸引投资规模达到570亿，年文化贸易总额超189亿元[①]。

（二）版权贸易服务平台

文化产品中的版权问题，历来在文化产品在交易和传播中是难以回避的难题，尤其在盗版现象猖獗的我国，文化产业的发展需要高度重视版权保护问题。2014年9月，上海自贸区内成立国家版权贸易基地。该基地的建立，充分发挥了上海国际贸易港的优势，有效推进了我国版权国际贸易，解决了版权交易过程中权益难以保障的难题。上海自贸区在不断推进文化产业发展的同时，也在不断完善着配套的版权服务体系，2019年，中国（上海）自贸试验区版权服务中心启动运行，这是首个在自贸区内设立的专业化版权服务平台，其为园区内文化企业开展版权快速登记、快速监测预警、快速维权等提供服务。

（三）艺术品交易服务平台

为了促进自贸区内艺术品交易的发展，上海自贸区成立了上海国际艺术品保税服务中心、上海自贸区国际艺术品交易中心、上海自贸区艺术品评估鉴定中心、上海国际艺术品保税服务中心等艺术品交易服务平台。上海国际

---

① 潮新闻.重磅！国家级基地或将落户杭州良渚，浙江唯一[EB/OL].（2023-06-13）[2023-07-10].http://zzhz.zjol.com.cn/ycpd/lsjgrym/202306/t20230613_25853780.shtml.

艺术品保税服务中心是对标国际一流标准建立的全球面积最大的艺术品保税综合服务体，保税服务中心以保税服务为核心，功能涵盖专业仓储、展览展示、交易洽购、版权服务、评估鉴定及金融服务等文化产业的各方面。上海自贸区国际艺术品交易中心位于外高桥保税区交易中心，战略定位为国际艺术品交易综合服务平台，依托自贸区的改革创新政策，交易中心可以为国际文物艺术品交易提供交易通道服务、保税服务、中转服务、金融服务等涵盖国际文物艺术品交易全流程的便捷一站式服务。上海自贸区艺术品评估鉴定中心专注于艺术品评估和鉴定工作，对标国际标准，积极成立评估和鉴定专家委员会，引入先进技术和设备，为自贸区内文化艺术交易提供权威、公开、公正的评估和鉴定服务。

（四）高科技文化装备产业集聚平台

2014年国内首个高科技文化装备产业基地在上海自贸区洋山区域建立。文化装备产业是融合文化与科技双重优势的朝阳产业，近年来发展迅猛。洋山高科技文化装备产业基地定位于文化装备产业公共服务平台，兼具集成研发、展示交易、示范体验、金融租赁、认证测评、技术培训等多种功能，吸引了影视影院装备、舞台演绎装备、高端印刷装备、广告会展装备、游戏游艺装备、互联终端装备等产业链上不同环节的企业入驻。该平台依托基地，形成文化装备产业集聚，构建高新技术文化装备产业全产业链，进而成为国内领先的文化装备技术研发和集成创新中心、标准认定和应用示范中心、投资交易和展示推广中心。

第三节　内陆自贸区发展文化产业的经验

截至2023年6月，我国已经建设了21个自由贸易试验区，范围从上海、广东、福建、天津等沿海地区扩展到湖南、湖北、四川、重庆、陕西等内陆中西部地区。相较于经济发达、营商环境优越、优秀人才集聚的上海、广东等沿海自由贸易试验区，内陆自贸区所处省份、城市在文化产业的规模、质量与效益方面发展均存在不足。内陆与沿海的地理区位和经济社会发展方面的差异决定了内陆自贸区文化产业难以复制上海自贸区等沿海自贸区高度国际化、高度专业化、大体量大规模的文化产业发展模式。因此，内陆自贸区必须探索有别于沿海自贸区的文化产业发展路径。内陆自贸区在文化产业发展现状、存在问题、发展面临的挑战等方面与同样位于中部地区的景德镇国家陶瓷文化传承创新试验区在建设过程中发展文化创意产业存在较高的一致性，其发展经验具有较高的借鉴性。

整体来看，内陆自贸区在发展文化产业上普遍存在以下共通问题。

首先，文化资源并没有有效转化为地方经济发展优势。中部自贸区所在的城市拥有光辉灿烂的历史文化底蕴，如四川重庆地区的巴蜀文化、湖南的湖湘文化、湖北的荆楚文化、河南的中原文化。河南、湖北、重庆、陕西、四川、湖南六个自贸区片区中均有历史文化名城分布，其中，河南郑州、洛阳、开封以及陕西西安位于我国八大古都之列，但丰厚的历史文化资源并没有通过产品化、市场化的方式有效转化为文化资本，进而形成地方经济发展优势。

其次，文化产业缺乏集中度、产业结构单一、产业链条不健全。内陆地区文化产业发展时间较短，文化消费市场较小，文化产业的产业结构也比较单一，主要以传统文化、旅游文化、民俗文化为主，缺乏具有现代性和先进性的文化产品和服务。同时文化产业是一个涵盖面广、关联度强的复杂产业系统，但在内陆地区，文化产业链上环节较为分散，缺乏集聚效应。

第三，文化品牌建设不足，缺少知名龙头企业。除了以文化立省的湖南省，大部分中部自贸区都缺少具有较高知名度的文化产品和文化品牌，同时文化企业大多规模较小，缺少知名龙头企业的示范和引领。

第四，高素质文化产业专业人才缺乏。文化产业作为知识密集型产业，对从业人员的知识、素质、能力有较高的要求。目前我国人才存在严重的分布不均情况，沿海经济发达地区人才集聚，但中西部地区发展文化产业的专业人才相对缺乏。同时具有强烈地域文化色彩的传统手工行业面临着传承人走向衰老且后继乏人的局面。

针对这些问题，河南、重庆、四川、陕西等自贸区均采取了不同的措施来破解现阶段文化产业发展面临的问题，推进文化产业优化升级。由于上文已对上海自贸区的文化产业发展经验进行总结，本书在此仅就中部地区有别于上海自贸区的文化产业发展经验进行总结。

一、盘活优秀传统文化，推动文化资源转化为文化资本

我国内陆自贸区文化底蕴较为深厚、文化资源丰富、传统文化工艺品种类多，构成了内陆自贸区开展文化贸易的先天优势。在自贸区文化产业发展中，盘活和深度挖掘传统文化资源，引导自贸区内文化企业将传统文化融入产品设计，将文化资源产品化、市场化从而实现文化资源向文化资本转化是中部地区发展文化产业的关键。如四川自贸区中的自贡片区，当地特色非物质文化遗产自贡彩灯素有"天下第一灯"的美誉，自贡立足当地特色文化，采用"多业态+彩灯"发展思路，将彩灯文化资源转化为文化产品，对彩灯全产业链进行打造，以彩灯文化作为推动当地文化贸易的基石，与50余个国家开展境外彩灯项目，文化出口业务遍及近100个国家和地区，2022年文化出口4406万美元。

二、打造文化产业园，形成文化产业集聚

受限于地方产业基础，内陆地区文化产业集群难以沿袭上海自贸区大体量大规模的产业集聚模式。打造兼具多种功能的文化产业园、文化产业基地是中部地区形成产业集聚、打造完整文化产业链、营造文化产业良好生态的主要途径之一。文化产业园不同于传统的工业园区，文化产业园是文化相关企业的集聚地，园区内企业的集聚可以促进文化产业交流创新，带动相关产业发展，提高产业附加值。如河南自贸区开封片区打造国家文化出口基地双

创园,该自贸区聚集了一大批具有创新型、国际化的文化出口企业,形成具有中原文化特色的复合型文化产业集群。陕西自贸区也打造了以"文化+自贸"为特色,兼具数字创意、专业服务、文化商贸和新兴金融等多种业态、多种功能的沣东自贸新天地园区。

三、文化产业与其他产业深度融合

首先,产业融合能够提高产业发展质量,为地方经济增长带来新动力。内地自贸区充分认识到文化产业和其他产业的融合发展可延长文化产业链,提高产业附加值,是实现文化产业和其他产业共生共荣、合作共赢的有效途径,其中典型模式是"文旅+"融合发展模式。如在河南自贸区总体方案中,明确提出开封片区要重点构建国际文化贸易和人文旅游合作平台,发展国际文化旅游也是洛阳片区的重点任务之一;四川自贸区总体方案中也明确提出,要支持发展以传统手工技艺、武术、戏曲、民族音乐和舞蹈等为代表的非物质文化遗产与旅游、会展、品牌授权相结合的开发模式,自贡彩灯也成为自贡片区发展文旅融合的重要IP。

其次,文化与科技融合也是近年来自贸区文化产业发展的新方向,较多的自贸区均针对文化产业数字化展开了一定的探索与尝试。如河南自贸区的"数字+"文化贸易新业态新模式,打造数字文化贸易示范区;西咸新区秦汉新城以历史文化+数字技术为抓手,积极探索建设"一带一路"沿线国家文物数字化交流合作平台体系和"一带一路"语言服务及大数据平台,致力打造秦汉数字文化产业聚集地;重庆自贸试验区北碚板块内发展文化艺术+数字创意的双产业生态圈;四川自贸区自贡片区力推数字经济与彩灯产业深度融合,综合运用5G、AR/VR、大数据等信息技术打造"云观灯"彩灯产品。

四、引进优质文化龙头企业与打造地方文化品牌相结合

内地自贸区在产业基础、人才集聚上存在劣势,相较于上海自贸区等沿

海自贸区存在"先天不足"。内地自贸区文化产业发展一方面要利用自贸区的政策、资源、平台优势吸引外来成熟优质的文化企业入驻以发挥其示范和引领作用,另一方面,要立足本地原始产业和历史文脉打造具有特色的地方文化品牌。如陕西自贸区引入喜马拉雅互联网文创中心、新浪网陕西总部、哔哩哔哩效果营销(授权)运营中心等重点互联网文化企业,形成互联网+文化+外贸的产业格局,同时依托"自贸区+一带一路"政策倾斜,打造链接国外市场与本土企业的跨境电商平台"丝路汇";湖北自贸区宜昌片区在引入香港柏斯音乐集团开展钢琴生产产业的基础上,依托钢琴文化,举办钢琴音乐节,将宜昌打造为"钢琴之城";四川自贡开展文化贸易企业梯度培养,支持大中型骨干文化企业和"专精特新"小微企业协同发展,目前自贡灯彩文化产业集团有限公司被评为四川省开放发展领军企业,自贡彩灯出口占据全球彩灯市场的90%。

第四节 自贸区经验对景德镇利用国家陶瓷文化传承创新试验区发展文化创意产业的启示

一、结合试验区,创新政府管理和服务方式

在我国自由贸易试验区建设中,政府管理方式的优化是促进自贸区内贸易便利化、打造公平开放的营商环境的重要因素。景德镇市政府应该立足国家陶瓷文化传承创新试验区建设过程中的具体需求,利用试验区的政策倾斜,制定并持续优化景德镇陶瓷文化创意产业政策体系,创新政府管理和服务方式,打造高效的行政管理体制、公平的竞争机制,减少企业开办运营的流程,为文化创意企业打造便捷高效的行政服务,加强市场监管,营造开放公平的文化创意产业市场秩序,从而提升景德镇陶瓷文化创意产业的竞争力。

二、结合试验区，加强招才引智工作

景德镇作为江西省的地级市，由于地理位置和经济发展等因素，长期面临人才紧缺的产业发展困境。文化产业是知识密集型产业，人才尤其是高端人才的缺位成为阻碍景德镇文化创意产业发展的首要因素。国家陶瓷文化传承创新试验区建设成为破除景德镇人才困境的良方。在景德镇国家陶瓷文化传承创新试验区建设方案中明确提出要"加大陶瓷人才引进力度"，景德镇文化创意产业的发展应当借助试验区人才引进的"东风"，在试验区构筑的"世界陶瓷人才集聚高地"基础上开展招才引智工作，吸引更多优秀人才集聚景德镇陶瓷文化创意产业。

三、结合试验区，打造文化创意产业集群及配套服务平台

打造文化产业集群，并立足产业集群打造全方位立体化的产业服务体系是从上海自贸区到内陆自贸区均坚持贯彻的文化产业发展思路。在景德镇国家陶瓷文化传承创新试验区建设过程中，也应当学习这一经验，通过试验区政策引导，打造陶瓷文化创意产业集群、打造文化创意产业全产业链并尽量扩展产业链的边界。为了打造产业集群内良好产业生态，立足于产业集群的具体需求打造覆盖文化创意产业全过程的一体式文化创意产业服务平台至关重要。服务平台的打造可以协调产业集群内企业与企业之间的关系，整合相关资源，促进文化创意企业之间信息共享，满足文化创意企业的需求，为其提供版权、融资、信息咨询等全方位服务。

四、结合试验区，打造"陶瓷文化+"产业体系

文化产业与其他产业融合发展是自由贸易试验区发展文化产业，提升产业附加值的关键举措。这一思路在景德镇国家陶瓷文化传承创新试验区中也得到了贯彻，景德镇国家陶瓷文化创新试验区是我国首个文化旅游类试验区，

文旅融合也是试验区建设发展的关键内容之一。景德镇陶瓷文化创意产业的发展，应当牢牢抓住文旅融合的新风向，将陶瓷文化创意融入多产业，形成"陶瓷文化+"产业体系，从而拓展陶瓷文化创意产业的边界，提升陶瓷文化创意产业的附加值，带动区域产业协同发展。

第七章 陶瓷文化创意产业链的构建与优化

本章主要研究陶瓷文化创意产业链的构建与优化，主要从以下五个方面展开论述，分别是陶瓷文化创意产业链的内涵、陶瓷文化创意产业链的特点、陶瓷文化创意产业链的结构、陶瓷文化创意产业链的表现形态、陶瓷文化创意产业链的优化升级。

第一节 陶瓷文化创意产业链的内涵

产业链是各个产业部门基于一定的技术经济关联，按照特定的逻辑关系以及时间和空间关系形成的具有关联形态的链条式结构。

文化创意产业这一概念提出的时间较晚，目前学术界对于文化创意产业链的概念未形成统一的界定，不同学者对其作了不同的定义：傅琳雅（2014）认为文化创意产业链是以创意为灵魂，以文化为基础，通过经济链条中各个环节的分工协作、整合运用，将文化产品从创意开发、生产制作到营销流通开发成一条龙服务的文化经济模式[1]；董国姝等（2017）认为文化创意产业链是围绕文化创意龙头企业，通过对商流、信息流、资金流的控制，从产生文化创意开始，创作文化创意产品，进入相应营销渠道，通过相应平台将产品面市，直到最终面向目标观众的一个整体性的功能网链结构[2]；郝莹莹（2018

---

[1] 傅琳雅.文化创意产业链的构建及发展战略[J].沈阳工业大学学报（社会科学版），2014，7（02）：108-111.
[2] 董国姝，田中俊."十三五"文化创意产业链融资问题研究[J].现代管理科学，2017（03）：63-65.

提出文化创意产业链条分为内容创作、运营平台、相关衍生品、文化硬件设备四个部分[1];邵陆芸等(2021)认为文化创意产业链是以文化为核心,以创造力为灵魂,以创作、创造、创新为根本手段,通过各环节协同运作,开发、生产和营销文化产品的经济模式[2]。

在相关学者对于文化创意产业链的研究的基础上,本书结合陶瓷文化创意产业的特点,尝试将陶瓷文化创意产业链定义为:陶瓷文化创意产业链是介于陶瓷文化创意相关企业和消费市场之间的中间组织形式,是陶瓷文化创意产业从陶瓷文化创意产生到陶瓷文化创意产品推广与销售过程中依据特定的技术经济关联和时间空间关系形成的网状链式结构。陶瓷文化创意企业是产业链的主体;形式多样的产品与服务是产业链的载体;资金、知识、技术等资源要素是链接产业链的纽带。

第二节 陶瓷文化创意产业链的特点

一、知识创意性

陶瓷文化创意产业是典型的知识创意链条。在陶瓷文化创意产业链中流通的是以"陶瓷文化+知识创意"为核心的商品。知识和创意是将陶瓷文化创意产业链上各环节串联起来的关键。陶瓷文化创意产业的目标是满足消费者的差异化文化创意消费需求。相较于传统制造业的工业化、标准化生产,陶瓷文化创意产业没有标准化的生产线和生产流程,产业链上流通的是具有唯一性和排他性的独特文化创意产品,产品的创意和吸引力是每一个陶瓷文化创意产品能够成功创造价值的关键。文化创意产业链的发展主要依赖于人的知识和创意。

---

[1] 郝莹莹. 从迪士尼文化创意产业链发展经验看对上海张江高科园区的借鉴[J]. 特区经济, 2018 (07): 99-102.
[2] 邵陆芸, 韩超. IP 介入湖州绫绢文化创意产业链的构建研究[J]. 包装工程, 2021, 42 (20): 361-367.

二、内容创造的高盈利性

陶瓷文化创意产业是知识密集型产业,具有高附加值、高利润值的产业特点。产品的价值包含使用价值和文化价值两种价值。陶瓷文化创意产业利用科技创意提升产品使用价值,利用文化创意提升产品文化价值,在使用价值和文化价值上都具备其他传统产业无法比拟的优势,能够有效提高产品的利润。同时,创造的内容复制成本较低,一个人对内容的使用不会影响他人的使用,因此文化创意在不断地复制和传播过程中能够创造巨大的经济价值。

三、盈利的不确定性

陶瓷文化创意产业是典型的"轻资产"产业,产业内企业较难获得银行等金融机构的融资贷款。因此大部分陶瓷文化创意企业规模较小、资产总额较少、抵御风险能力较弱,一旦企业内部经营管理出现问题或者外部环境带来危机,陶瓷文化创意企业的盈利将会产生较大的波动。陶瓷文化创意产业的高风险性决定了陶瓷文化创意产业链上企业盈利的不确定性。此外,陶瓷文化创意产业是以顾客需求为导向的产业,陶瓷文化创意产品主要功能在于满足的是人们对精神文化的需要,这种需求具有强烈的个性化色彩,并且会随着外部环境的变化迅速变化,这进一步加强了陶瓷文化创意产业链盈利的不确定性。

四、较强的跨界性

文化创意具有高渗透性和高融合性,陶瓷文化创意能够在各个产业、各个领域之间进行渗透融合。在制造业等产业链中,每一个链条环节都有固定的产品形态和明确的产业边界。相较而言,陶瓷文化创意产业的产业链产品型形态丰富多变、产业边界相对不够清晰,呈现明显的跨界性特点。在互联网、新媒体、数字化技术广泛普及的助力下,"陶瓷文创+"效应日益显著,一切产品和服务只要融入陶瓷文化创意的属性和内涵都可以归为陶瓷文化创意产业。因此,陶瓷文化创意产业链涉及的产业范围非常广,可以横跨多个领域。

五、复杂的网状链条

陶瓷文化创意产业链是典型的网链结构，是纵向产业链和横向产业链混合的复合型结构，产业链结构较为复杂。从纵向产业链来看，陶瓷文化创意产业链涵盖从陶瓷文化创意的开发生成到陶瓷文化创意产品生产制作再到陶瓷文化创意产品推广与销售等多个环节，产业链条较长。在陶瓷文化创意产品制作这一环节，从瓷坯到烧制成型要经历一系列复杂过程，可能涉及多个企业主体。从横向产业链来看，陶瓷文化创意产业链的链幅较宽。陶瓷文化创意可以和多个产业进行融合，陶瓷文化创意产品因此呈现多种形式，如陶瓷实物产品、音乐、影视、图书等，产品形式丰富多变，种类层出不穷。

六、顾客需求的决定性

顾客需求在陶瓷文化创意产业链价值创造过程中起决定作用。随着市场经济和现代信息技术的发展，企业之间的竞争日趋激烈，消费者选择面不断扩宽，因此只有能够精准满足消费者需求的企业才能在竞争中占据优势地位。美国营销学专家菲利普·科特勒提出，"顾客满意"和"顾客忠诚"的实现需要厂商最大限度地为顾客让渡价值。厂商在经营过程中不仅要提高产品和服务的质量，还要压缩成本、降低价格、打造便利的购买渠道，同时还要培育高素质的员工，打造良好企业形象。陶瓷文化创意产业的价值创造本质上是使文化创意产品得到消费者认可，这是陶瓷文化创意产业链真正的价值源泉。这就决定了在陶瓷文化创意产业链中，产业链末端的消费者才是其价值创造的起点。陶瓷文化创意产品的消费群体具有高度的多样性，每个个体的需求都呈现个性化特点，这使得创意产业网状价值链中任何一个环节都有可能成为价值创造的起点。创意产业网状价值链中每一个环节都有可能带来新的市场机会，并为创意产业创造新的价值。这样，从上游到下游，从内容到衍生品开发，都可以获得相应的利润，从而带动整个产业链的价值增值。

第三节 陶瓷文化创意产业链的结构

陶瓷文化创意产业链是一个复杂的网链结构，产业链长较长，链幅较宽，链条边界不够清晰。本书将陶瓷文化创意产业的产业链简化归类为从创意开发生成到陶瓷文化创意产品体验消费的核心产业链条，其中包括上游陶瓷文化创意开发生成、中游陶瓷文化创意产品生产制作以及下游陶瓷文化创意产品推广与销售三个环节。

在上游的阶段，陶瓷文化创意开发生成是产业链的起点，主要聚焦于既有的陶瓷文化资源进行挖掘和整合，形成开发创意产品的初步构想，提供给中游进一步加工制作；在中游的环节，则以制作、深加工和运输为主要任务，将上游阶段的初步创意转化成具体的产品形态，这个阶段是对上游阶段进行深度加工和处理，并将这个过程配置好的资源、能力和技术投入进来，用于生产最终的产品；在下游的环节，陶瓷文化创意产品推广与销售是产业链的终点，这个阶段的重点是营销宣传，吸引消费者和客户。通过市场营销手段进行陶瓷文化创意产品推广以及销售，将陶瓷文化创意商品呈现给消费者，促使消费者进行真实的消费。

一、产业链上游：陶瓷文化创意开发生成

陶瓷文化创意的开发与生成是陶瓷文化创意产业链中的核心环节，也是产业链条中的高利润环节。陶瓷文化创意贯穿产业链始终，是实现陶瓷文化创意产业链上各个环节串联的基础。陶瓷文化创意产业链是以顾客需求为导向的链条，产品中的陶瓷文化创意内容能够得到消费者的认同，使消费者产生购买的意愿，同时也是产业链中游、下游产业的经济效益实现的基础。因此，陶瓷文化创意产业链的价值实现的首要环节是打造出色的陶瓷文化创意内容，为后续陶瓷文化创意产品制作提供核心概念。可以说，没有优秀的陶瓷文化

创意内容，就无法生产、制作、推广、销售后续产品。陶瓷文化创意内容的好坏将直接影响陶瓷文化创意产业链价值的实现。

优秀陶瓷文化创意内容的打造需要依托陶瓷文化。中国陶瓷传承千年，陶瓷文化源远流长。从古至今丰富的陶瓷文化资源为陶瓷文化创意产业提供了丰沃的土壤。一个地区陶瓷资源、空间、文化、产业特性将直接影响该地区陶瓷文化创意产业的发展和壮大。陶瓷文化创意的生成应当从传统陶瓷文化和现代陶瓷文化中汲取营养，打造具有中国陶瓷特色的文化王牌，实现内容为王。

二、产业链中游：陶瓷文化创意产品生产制作

生产制作环节是链接陶瓷文化创意产业链上下游产业的枢纽，这一环节是将陶瓷文化创意内容进行深加工和处理以最终形成产品的过程，即依照陶瓷文化创意内容生产制作出具体陶瓷文化创意产品的经济活动。陶瓷文化创意是生产作制作围绕的核心与灵魂，陶瓷文化创意的创新性和创意性是陶瓷文化创意产品能够生产和流通的先决条件。

陶瓷文化创意产品可以分为实物化产品和虚拟化产品两大类。实物化产品指的是具有具体实物形态的陶瓷文化创意产品，如陶瓷工艺品、陶瓷文化创意相关书籍、陶瓷文化艺术展览等；虚拟化产品是指无实物形态的陶瓷文化创意产品，如融入了陶瓷文化的影视、音乐作品、数字化创意产品等。

三、产业链下游：陶瓷文化创意产品推广与销售

推广与销售是陶瓷文化创意产品的下游环节，是指通过渠道推广使陶瓷文化创意产品出现在消费者面前，吸引消费者购买融入了陶瓷文化创意的相关产品和服务用于满足自身精神需求。这一环节是陶瓷文化创意产业链条经济价值和社会价值实现的核心环节。

在这一环节中，渠道的开发和整合至关重要。融入陶瓷文化创意的有形

产品和无形服务需要通过畅通的渠道链条推广到消费者面前,这样才能被消费者选择和接受,使陶瓷文化创意产业链实现从文化创意到消费品的转变。在陶瓷文化创意产品的推广过程中,单一的推广渠道已经无法满足陶瓷文化创意产业快速成长的需要,而是需要基于产业链特点进行渠道整合。渠道的整合不只是简单汇集各种渠道和资源,更要立足整个陶瓷文化创意产业链条,运用整合营销传播的理念,减小陶瓷文化创意产品的销售成本和渠道冲突,尽可能实现陶瓷文化创意产品传播资源和传播渠道的最大化,从而实现陶瓷文化创意产业链的价值提升。

第四节 陶瓷文化创意产业链的表现形态

陶瓷文化创意产品具有产品、价值、知识三种属性。从产品视角来看,陶瓷文化创意产业链是陶瓷文化创意产品从创意生成到制作流通再到消费的运输轨道,陶瓷文化创意产业链是一条供应链;从价值视角来看,陶瓷文化创意产业链是价值生成到增值再到倍增的过程,因此,陶瓷文化创意产业链是一条价值链;从知识视角来看,陶瓷文化创意产业链是知识创意产生到累积再到扩散的传播流程,陶瓷文化创意产业链是一条知识链。因此,陶瓷文化创意产业链具有供应链、价值链、知识链三种表现形态。

一、陶瓷文化创意产业供应链

美国"现代管理学之父"彼得·德鲁克(Peter E Drunker)是最早提出"供应链"(Supply chain)概念的学者。中国学者关于供应链的研究开始较晚,20世纪90年代末,逐渐开始有中国学者对供应链展开研究。2003年清华大学的刘丽文[1]教授在整合国内外学者研究的基础上对供应链做出定义:供应链由原材料零部件供应商、生产商、批发经销商、零售商、运输商等一系列企业组

---

[1] 刘丽文.供应链管理思想及其理论和方法的发展过程[J].管理科学学报,2003(02):81-88.

成，原材料零部件在链条上每一个企业的参与中，逐步变成产品，产品再通过一系列流通配送环节，最后交到最终用户手中。一条完整的供应链应该包含物流、商流、信息流和资金流。供应链上的各个企业并非独立存在的个体，而是合作伙伴，合作伙伴应当将供应链视为一个继承组织，对链条上各个节点进行统筹管理。链上企业之间通过合作和分工，使得供应链上物流、商流、信息流和资金流不断优化，从而提高整条供应链的竞争能力。

综合国内外学者的研究成果，本书将陶瓷文化创意产业供应链定义为：将陶瓷文化创意产品从生产者传输到消费者手中的整个链条，陶瓷文化创意产品流经创意生成—生产制作—分销—零售等各环节，最终抵达消费者手中。具体来看，陶瓷文化创意产业供应链的结构不是单一线性的，而是依照供应链上的供需关系将横纵向企业串联起来的复杂网状结构。本书从纵向关系上把陶瓷文化创意产业供应链分为三部分：上游陶瓷文化创意产品生产环节，主要包括陶瓷文化创意素材商和陶瓷文化创意产品生产制造商；中游陶瓷文化创意产品传输环节，主要包括陶瓷文化创意产品分销商、零售商和广告营销商；下游用户体验环节，主要包括受众消费和相关衍生产业。陶瓷文化创意产品在供应链条上的流动伴随着物流、信息流、资金流的流动。

整体来看，陶瓷文化创意产业供应链管理和优化的目标在于通过与产业链商企业的分工与合作，降低成本，提高顾客满意度，达到物流、商流、资金流、信息流的高效流转，最终实现供应链整体价值的最大化。从总体上看，陶瓷文化供应链管理有以下几个关注重点：（1）如何减少链条上各个环节之间的壁垒，加强链内协作，减少从文化创意生成到产品进入市场的时间，提高链上主体的合作效率，及时满足消费者需求；（2）如何以顾客需求为导向，在买方市场瞬息万变的情况下明确识别顾客需求，通过供应链的集成和优化，快速对市场做出应对，生产出紧跟消费者需求变化的产品并高效传送到消费者面前；（3）如何基于"竞争—合作—协调"机制，在供应链中形成良性竞争、合作关系，提高陶瓷文化创意产业供应链的运转效率。

二、陶瓷文化创意产业价值链

迈克尔·波特（Michael E. Porter）在1985年提出"价值链"（Value chain）的概念揭示了企业活动中各个环节的内在联系和相互依存关系。价值链理论认为，企业获取原材料、设计、生产、营销、销售和售后服务等环节是"增值活动"，"增值活动"并非孤立存在，而是通过一个链条相互串联，链条的最终目标在于为企业及其利益相关者创造价值，获得竞争优势。现代经济社会发展中，企业与企业的竞争本质上是企业构建的价值链的竞争。在价值链视角下，企业需要对其生产经营中的各个环节进行分析和评估，寻求各环节的增值空间，同时要抓住重点，识别企业运营过程中的关键性"增值活动"，并将优势不断放大，从而增进整个价值网络的效率和效益，实现高度的竞争优势。

本书认为，陶瓷文化创意产业价值链集合了文化、技术、商业等多项要素，围绕陶瓷文化创意实现创造、组合、生成、转移和增值，将原创性的陶瓷文化创意转化为产业化商业产品，从而实现价值创造和增值。陶瓷文化创意产业链的发展是一个价值实现和价值增值的过程，实现陶瓷文化创意产业的价值增值的关键在于明确价值链条中的关键性增值环节。根据"微笑曲线理论"[1]，在一个价值链条中，价值链的两端是高附加值环节。对于陶瓷文化创意产业而言，价值链的前端的关键环节是陶瓷文化创意产品的设计研发环节，即设计师们根据市场的需求和陶瓷文化的传承，创造出具有独特风格和文化内涵的产品。在这个环节中，文化创意是关键，通过赋予产品知识、文化、创意的内涵，实现产品的价值增值。市场营销与销售是陶瓷文化创意产业价值链末端实现价值增值的关键环节。在这个环节中，陶瓷文化创意企业应当立足于移动互联时代消费者的消费习惯特点，针对消费者消费需求，采取多样化的营销模式，引导顾客购买。同时，打造陶瓷文化创意衍生品也是实现产业链价值增值的有效途径。

---

[1] 由台湾宏碁集团施振荣提出。主要观点为，在产业链中，附加值更多体现在设计和销售两端，处于中间环节的制造端附加值最低。

三、陶瓷文化创意产业知识链

知识是人类社会进步的源泉，是人们在学习与实践中对客观世界及其规律的认识，是通过人的大脑将获得的认识进行整合和系统化所形成的信息集合。知识分为显性知识和隐性知识两大类，知识作为具有共享性的公共产品，不具备物质形态，嵌入存在于相关产品与社会、经济关系中，同时知识具有无限可再生性，人们可以在综合旧知识的基础上创造新的知识，在知识的反复使用过程中将产生更高的附加值和新的经济效益。

知识链是将知识在产生和传递过程中的各种主体、信息载体、语境环境等元素有机链接，以知识为载体，以价值共识为基础的多重参与、协同创新的复杂系统。知识链不同于其他以企业物流活动为中心的链条，知识链的核心是创新活动中的知识流，知识链的主要任务是促进知识和价值在社会群体之间的传输与协作，以实现共享价值创造和传播过程的公正性和高效性。知识在知识链上循环流动，被链上各主体选择、吸收、整合、创新。在这个过程中，链条上主体的核心能力不断提升，链条上的价值不断积累增长。2002年清华大学的刘冀生和吴金希[①]在总结国内外学者提出的知识链模型的基础上，进一步完善了知识链模型，提出知识链上的主要活动是知识获得、知识选择、知识生成、知识内化和知识外化，企业内部知识链条和外部知识网络紧密相连，不断进行沟通和互动，知识在链条中无限循环。

本书认为，陶瓷文化创意产业链是以陶瓷文化创意产品为载体，将与陶瓷文化创意产业相关的各种知识资源和信息元素通过一系列协同作用和相互关联的环节连接起来，知识在链上主体分工协作的基础上进行知识选择、吸收、整合、并且不断衍生出新的创意思想和商业模式，从而实现一种开放、协同、创新的知识生态系统，进一步促进了陶瓷文化产业的持续发展和跨界融合。该知识链涵盖多个参与主体，涵盖高等院校、科研机构、陶瓷文化创

---

① 刘冀生，吴金希.论基于知识的企业核心竞争力与企业知识链管理[J].清华大学学报（哲学社会科学版），2002（01）：68-72.

意企业、艺术家、消费者等，陶瓷文化创意产业知识链上的各主体通过新知识和旧知识的组合和重构，创造出新的知识、新的技术和新的产品，在知识的提炼、整合和创新中，形成吸引消费者的陶瓷文化创意，这些创意附着于有形或者无形的陶瓷文化创意产品中，通过消费者的消费、体验行为达成知识转移、创新与价值转化的目标。

第五节　陶瓷文化创意产业链的优化升级

一、陶瓷文化创意产业链优化升级的含义

陶瓷文化创意产业链优化升级指陶瓷文化创意产业链从低层次向高层次发展，从而加强陶瓷文化创意产业链的运转速度和效率，提高陶瓷文化创意产业链价值创造能力，提升陶瓷文化创意产业整体竞争力。由于陶瓷文化创意产业链有供应链、价值链、知识链三种表现形态，本书认为陶瓷文化创意产业链升级应当从陶瓷陶瓷文化创意产业供应链优化升级、陶瓷文化创意产业价值链优化升级、陶瓷文化创意产业知识链优化升级三方面展开。

（1）陶瓷文化创意产业供应链优化升级，一方面要实现供应链贯通，打造形式合理、要素构成基本完整、各环节的紧密衔接和灵活合作的供应链条；另一方面要立足供应链打造以创意为中心的产业集群，形成陶瓷文化创意规模效应。

（2）陶瓷文化创意产业价值链延伸化指通过价值链横向、纵向扩展，既立足于陶瓷文化创意产业，延长产业价值链条，又促进陶瓷文化创意产业与其他产业协同共赢，从而实现陶瓷文化创意产业价值增值。

（3）陶瓷文化创意产业知识链高优化升级指的是推动知识传播和技术革新，依托产业知识链组建知识联盟，促进产业内知识共享；同时，要依靠内容创意带动技术进步，推动陶瓷文化创意产业自主创新，从而提高陶瓷文化创意产业内知识网链的密度和知识链层次。

二、陶瓷文化创意产业链优化升级的推动因素

(一)政策支持

文化产业成长离不开政府的推动,近年来,中国政府通过法律法规、宣传教育、方针政策等手段对文化产业发展进行了指导、监督和规范,推动我国文化产业快速发展。2009年国务院颁布《文化产业振兴规划》,成为中国成立以来关于文化产业的第一次专项规划,标志着文化产业发展已被提升到国家战略高度。之后又先后制定了《国家"十二五"时期文化发展改革规划纲要》《国家"十三五"时期文化发展改革规划纲要》《"十四五"文化发展规划》等文件。具体到景德镇陶瓷文化产业政策方面,2012年,原国家文化部下发的《文化部办公厅关于支持景德镇市文化改革发展工作的通知》为景德镇陶瓷文化产业改革指明了方向,景德镇市政府也陆续出台了《景德镇陶瓷文化创意产业发展意见》《景德镇市手工艺文化创意产业基地认定和管理暂行办法》《景德镇陶瓷知识产权保护管理规定》《景德镇陶瓷品牌发展战略实施意见》《景德镇市陶瓷文化传承创新条例》等系列文件。

此外,产业发展需要良好的市场秩序。政策的出台对于维护文化产业市场秩序具有重要作用。为传承和弘扬景德镇陶瓷文化,保护景德镇陶瓷知识产权,促进景德镇陶瓷持续、健康、有序发展,景德镇市政府制定《景德镇陶瓷知识产权保护管理规定》。规定加强了对创作版权的保护,维护了著作权人的权利,稳定了陶瓷文化市场交易秩序。同时,景德镇设立了景德镇陶瓷知识产权联席会议制度,联席会议是全市陶瓷知识产权工作的组织协调机构,下设景德镇陶瓷知识产权保护联合执法办公室,对知识产权联合执法工作进行统筹,进一步强化市场监管。

(二)市场需求

陶瓷文化创意产业链是以顾客需求为导向的产业链条,市场需为陶瓷文化创意产业的发展指明方向。市场是推动陶瓷文化创意产业发展中创新升级

的中坚力量。随着经济的持续增长和生活水平的不断提高，我国居民的消费结构中文化体验和精神享受类产品所占比重不断提高，我国居民对于文化创意产品的消费需求日趋旺盛。数据显示，2015—2019年，中国城乡居民人均文化娱乐支出呈现不断增长的趋势，2015年城镇和农村人均娱乐文化支出分别为1216.1元和239元，2019年城镇和农村人均娱乐文化支出分别为1290.6元和289.1元，总体呈现持续增长的基本态势。

伴随着文化消费的日益发展，人们对于饱含中国文化的优秀文化创意产品需求也日益提升，陶瓷文化创意产业在近年发展迅猛。2021年景德镇陶瓷总产值为516.2亿元，相较于2017年的372亿元增长了38.8%，其中文化创意陶瓷产值达到112.6亿元，居民陶瓷文化创意消费呈现不断增长的趋势。

（三）技术进步

科学技术的进步将会促进社会生态的改变，新技术、新工艺和新手段的产生，拓宽了文化产业的发展空间，丰富了文化产业内容、优化了文化产业结构。文化创意产业是文化、创意和科技紧密项链的产业，正是因为产业技术的更新，才使得抽象的文化创意转化为具体的经济产品，产生文化影响力和经济扩展力，科技技术的不断革新也为文化创意产业的优化升级提供了不竭的动力。

技术进步促进陶瓷文化创意产业链结构升级换代。当下，人类社会迈入数字经济时代，随着元宇宙、大数据、人工智能（AI）、增强和虚拟现实技术（AR/VR）等数字化技术的进步发展，陶瓷文化创意产业的生产、传播和消费形式发生深刻变革，这将会推动陶瓷文化创意产业跨越式发展。首先，数字化技术可以用于陶瓷文化创意产业的内容制作，先进技术的运用能够有效丰富用户体验，促进陶瓷文化创意产业内容和形式的革新，使得陶瓷文化在当下焕发新活力，转变为更加丰富多样的陶瓷文化创意产品；其次，数字技术的运用可以对有限资源进行合理地配置，提高资源利用率，节约陶瓷文化创意产业链的运作成本，提升产业链整体价值；最后，还可以借助数字媒体这一媒介运用社交网络平台催生和传播陶瓷文化创意思维，运用互联网的平台生成消费渠道，增加传播途径。

三、陶瓷文化创意产业链优化升级路径

（一）陶瓷文化创意产业供应链优化升级路径

供应链是陶瓷文化创意产业链的产品表现形态，供应链运行优化的目标是促进供应链的结构完整高效运转，使得陶瓷文化创意产品在供应链上高效输送以及在供应链的终端精准投放。当下我国陶瓷文化创意产业供应链面临产品层次不高、关键环节存在断点、产销失衡、集中度低等问题，针对这些问题，陶瓷文化创意产业供应链在升级过程中应当突破供应链壁垒，以消费者需求为导向，加强上游环节与下游消费者消费体验环节的交流互动，加速构建完整、畅通的新型供应生态圈；同时要以陶瓷文化创意为中心打造产业集群，加强陶瓷文化创意产业的规模效应。

1. **突破供应链壁垒，以消费者需求为导向，促进产销对接**

当下，陶瓷文化创意产业在健康快速发展的同时，尚未实现供应链的完全贯通，在一些关键环节仍旧存在断点。破除"壁垒"是陶瓷文化创意供应链实现高效运转的关键。在目前陶瓷文化创意产业供应链上，从文化创意生成到最终消费者体验之间的联系较为松散，尤其是在上游创意生成和下游消费者消费体验之间没有实现有效衔接。陶瓷文化创意产品的生产更多是以上游的文化创意创造主题企业为中心，对于下游消费者的需求关注度不足，上下游之间出现沟通和衔接壁垒，导致陶瓷文化创意产品在最后消费环节难以有效满足消费者的精神文化需求，阻碍了产业链的价值实现。所以，为实现资源合理分配，精准满足消费者需求，陶瓷文化创意供应链升级应努力突破供应链壁垒，保证链条上各环节的协作互联，加强上游环节与下游消费者消费体验环节的交流互动，加速构建完整、畅通的新型供应生态圈。以消费者需求为生产导向，优化陶瓷文化创意产品内容创意，加强陶瓷文化创意产品

精神内涵，丰富陶瓷文化创意产品的表现形式，生产出丰富、优质、消费者喜闻乐见的陶瓷文化创意产品，从而控制供应链的终端消费市场，提升供应链的整体价值。

陶瓷文化创意产业供应链是以顾客需求为导向的链条，消费者是陶瓷文化创意产业链价值创造的核心。同时，消费者对于陶瓷文化创意产品的消费并不是供应链价值实现的终点，而是陶瓷文化创意产品供应商和消费者进行价值创造的新起点。陶瓷文化创意产业供应链上游企业可以通过了解顾客需求，生产更加适销对路的陶瓷文化创意产品，缩短陶瓷文化创意产品进入市场到被消费者接受、购买的时间，这样能有减小企业的仓储成本以及因为产品不被消费者接受所带来的资源浪费问题。所以，现阶段陶瓷文化创意产业链的上游要以顾客需求为导向，促进产销对接，提高供应链上资源的配置效率，提升供应链的整体价值。为了实现这一目标，一是要立足源远流长的中国陶瓷文化，在产品开发、利用、包装过程中融入陶瓷文化创意，把中国陶瓷文化资源的潜在优势转化为现实文化生产力，丰富产品的文化内涵，提升陶瓷文化创意产品档次和品位；二是要以市场为驱动，以客户为导向，密切关注市场动态，生产适销对路的陶瓷文化创意产品和服务。加强对下游的消费者的反馈机制，加强供应链条上企业的协作，共享市场预测信息，从而推动陶瓷文化创意产业供应链的各环节实现紧密相连，使供应链高效运转。

2. 打造以创意为中心的产业集群，形成陶瓷文化创意规模效应

内容创意是陶瓷文化创意产品实现价值创造的核心，产品的内容创意水平直接决定了陶瓷文化创意产品的质量与水平。"内容为王"是陶瓷文化创意产业的立身之本，是产业链能在创造经济价值的基石。但随着时代的变化，陶瓷文化创意产业内的竞争模式也发生了巨变，传统陶瓷文化创意企业多是"小作坊"式生产经营模式，单一企业的个体内容创意创新难以在激烈的市场竞争中占据优势地位。所以，陶瓷文化创意产业链上的企业和个人要树立协作意识，立足供应链全局，利用政策支持、要素优势等因素加强链条上各环

节的协作与联系，紧紧围绕文化创意，链接生产、营销、销售等环节，在特定生产区域内形成以文化创意为中心站的产业集聚，提升陶瓷文化创意产业集中度，形成规模优势。

陶瓷文化创意产业园是以陶瓷文化创意为中心打造产业集群的一种典型类型，是指一系列与陶瓷文化创意有关联的企业，依托产业链上、中、下游关系，在特定的地理区域集聚，形成的融生产、销售、休闲、娱乐为一体的多功能园区。陶瓷文化创意产业园是以陶瓷文化创意为核心的同心圆式的生产组织，相比传统的产业集群，陶瓷文化创意产业集群在成本、收益和运行效率上都更具优势。首先，陶瓷文化创意产业园能够提升供应链的运行效率。陶瓷文化创意产业园内通常涵盖陶瓷文化创意产业从创意产生到产品消费体验的全过程，由于地理位置上的接近、要素的共享、供应链上下游间投入与产出关系更加紧密，因此产业链上信息、知识、产品的传输效率更高，同时园内集群更易建立信用机制。通过积极推广并落实信用认证、信用评估、信用保证等措施，能够促进企业之间相互信任，减少供应链上下游企业之间的不确定性和信息不对称，减少利益冲突和交易摩擦，降低交易成本，提高交易安全性，增加生产效率。其次，陶瓷文化创意产业园能提升产业整体实力。陶瓷陶瓷文化创意产业集群促进了产业链上下游企业的相互支持与合作，形成了完整的陶瓷文化创意产业体系。同时，产业集聚也吸引了各种人才、资本和技术的集聚，推动了陶瓷文化创意产业园的快速发展。此外，陶瓷文化创意产业园区内企业拥有相同的文化认同，传统产业集群企业之间的关系更偏向竞争而陶瓷文化创意产业园内企业更加注重联结与合作，业务上优势互补，从而在园区内形成良性循环发展的产业环境。第三，陶瓷文化创意产业园能推动产业创新发展。园区内企业共享产业要素，可以以更低的成本引进各自所需的设备、人才和技术，推动产业创新发展。同时，园区内企业之间的观念、思维、文化的碰撞以及企业之间的良性竞争也会促进陶瓷文化创意产业在技术、内容、形式等各方面产生创新。此外，陶瓷文化创意产业园还能形成品牌效应，传承和发扬优秀陶瓷文化，提高城市的文化氛围。

（二）陶瓷文化创意产业价值链优化升级路径

陶瓷文化创意产业链上一切活动的最终目标都是为了将产品转化为经济价值，并追求产业链上经济价值创造的最大化。当下，陶瓷文化创意产业价值链上盈利环节少、附加值较低的问题较为显著，只有增加价值链上的创值主体，抓住那些具有比较优势、真正能创造价值的战略环节，才能实现陶瓷文化创意产业价值链的优化，获取更高的经济效益。陶瓷文化创意产业依靠内容创意来塑造产品的精神和文化价值，针对当前陶瓷文化创意产业价值链发展面临的困境，价值链在升级过程中应紧紧围绕陶瓷文化创意丰富链条中的创值主体，通过横向延展价值链，推动陶瓷文化创意产业与其他相关产业融合发展，拓展盈利模式，同时应当纵向延长价值链，积极进行陶瓷文化创意衍生产品开发，提高陶瓷文化创意产业附加值增收能力。

1. 协同相关产业，横向拓展陶瓷文化创意产业价值链

为了实现陶瓷文化创意产业链的价值增值，需要横向拓展陶瓷文化创意产业价值链。价值链横向拉伸是指在原有链条基础上，价值链上的各个"增值环节"向新领域、新空间拓展，从而增加价值链上的创值点，扩展陶瓷文化创意产业盈利模式。由于陶瓷文化创意产业发展依赖的不是有限的物质资源，而是可共享、可复制、一次投入多次应用的文化创意，因此与传统产业边际收益递减规律不同，陶瓷文化创意产业中的陶瓷文化创意应用越多、传播越广，创造的经济价值越高。陶瓷文化创意产业价值链上的创值主体越多，陶瓷文化创意的开发、传播、使用次数越多，价值链上的盈利点也就越多。陶瓷文化创意具有高渗透性和高融合性，能够在各个产业、各个领域之间进行渗透融合，基于这一特点，应当积极促进陶瓷文化创意与其他相关产业融合发展，推动陶瓷文化创意产品形式多样化。例如，可以将陶瓷文化创意产业与文化旅游、文化教育等相关产业进行整合，共同开发陶瓷文化创意旅游产品、陶瓷文化教育课程等，使同一内容的陶瓷文化资源以多种形态在不同产业领域传播，一次投入多次增值，在产业协同融合之间实现多产业合作共赢、价值提升。

2.丰富内容创意，开发衍生产品，纵向延展陶瓷文化创意产业价值链

纵向延长陶瓷文化创意产业价值链是提高产业附加值的关键路径。陶瓷文化创意产业价值链纵向延长是指价值链向上游陶瓷文化创意生成延展或者向下游消费者消费与体验环节拓展，以此不断提高资源配置效率，增加边际收益。因此，在陶瓷文化创意价值链的延展过程中，一方面要丰富陶瓷文化创意内容。文化创意是陶瓷文化创意产品的发展根基，基于文化创意的陶瓷文化创意产品设计也是价值链条中的高附加值环节，只有产品中包含的陶瓷文化创意内容越丰富。陶瓷文化创意产品的附加值就越高，陶瓷文化创意产品的表现形式也越丰富。另一方面要加强下游陶瓷文化创意衍生品开发。衍生品是对原有陶瓷文化创意产品既定文化内容和品牌价值的深入挖掘和拓展。由于原有陶瓷文化创意产品在前期生产开发过程在市场中已经形成一定的市场知名度，也拥有相对确定的目标顾客人群，依托原产品的影响力，衍生品在进入市场过程中能够较快获得消费者的认可，消费者接触产品到产生消费体验的时间比较少，相较于其他产品，创造价值的效率更高，因此衍生品也是价值链条中高附加值、高利润的区域。同时，衍生品的形式多样，衍生品的开发可以促进陶瓷文化创意产业链的快速拓展。衍生品开发的深度和广度与产品内容素材和文化创意丰富与否直接相关。

（三）陶瓷文化创意产业知识链优化升级路径

知识经济环境下，对产品商业价值有重要影响的知识已经成为行业发展与竞争的关键所在。如何从外部获取知识，并将知识的传递和创新贯穿于整个知识链的运行过程中，在知识链条的运转中通过促进知识共享推动知识创新对于增强产业知识链的整体实力至关重要。陶瓷文化创意产业知识链的优化升级指通过知识共享、知识创新获取知识的"溢出效应"，推动知识传播和技术革新，从而提陶瓷文化创意产业内知识网链的密度和知识链层次，提升产业链的整体价值。当下陶瓷文化创意产业知识链运转过程中存在知识共享不畅、技术水平落后等问题，阻碍了陶瓷文化创意产品形式、内容的丰富和

产业附加值的提升。陶瓷文化创意产业发展应当依托产业知识链组建知识联盟，促进产业内知识共享；同时，要依靠内容创意带动技术进步，推动陶瓷文化创意产业实现自主创新。

1. 打造陶瓷文化创意知识联盟，促进知识共享

知识共享是现代社会中非常重要的一种共享行为，它可以让各方在专业领域内相互交流和分享并且从中实现价值共赢，特别是在知识链运转过程中，知识共享对于推动产业发展来说具有不可或缺的作用。在这个背景下，依托陶瓷文化创意产业知识链的上下游关系建立一个知识联盟成为有效促进陶瓷文化创意产业知识共享的重要手段。

首先，知识联盟的成立可以解决陶瓷文化创意产品生产制作过程中的技术难题。当陶瓷文化创意产品生产过程出现技术难题时，单一陶瓷文化创意企业通常难以独自解决，需要与其他企业、科研机构或高校合作，以共同攻克这个难题。此时，由已经形成的知识联盟汇聚资源，打破组织之间的壁垒，协同性地解决问题，使得知识可以在产业链内传递，并真正发挥应有的效用。其次，依托知识链建立知识联盟有助于形成陶瓷文化创意产业公共信息共享体系。陶瓷文化创意企业在开展研发项目时，可能会遇到获取相关信息的困境，而这些信息可以通过知识联盟的形式进行有序汇聚和归档。陶瓷文化创意企业往往是轻资本的小微企业，这些企业难以负担打造自己技术研发团队的成本，此时便可通过参与知识联盟，获得来自行业内组织的专业资讯和经验分享，从而通过较低成本提高自身产品或服务品质。此外，建立知识联盟能够促进企业、高校、科研院所之间的跨组织合作，在合作过程中形成知识创意倍增的规模效应，增强产业的协同度，提高陶瓷文化创意产业的整体实力。

2. 推动技术进步，促进陶瓷文化创意产业创新发展

陶瓷文化创意产业是一种以陶瓷制品为核心，融合了文化、艺术、设计等多元素的产业。陶瓷文化创意产业的附加值主要来自于产品的设计、工艺和文化内涵等方面，在整个产业中，知识和技术是推动产业发展的重要因素。

当下，技术水平相对较低成为限制陶瓷文化创意产品形式丰富和陶瓷文化创意产品附加值提升的重要问题。在陶瓷文化创意产业中，推动知识链上的技术进步，可以促进产业的创新发展，提高产业的附加值和市场竞争力。一方面，通过知识共享、技术交流等方式，可以促进陶瓷文化创意产业的技术进步和创新发展，新材料、新工艺、新技术的出现能够提高产品的设计水平、工艺水平和文化内涵，从而提高产品的附加值和市场竞争力。例如，可以通过知识链联盟、技术交流等方式，引入更多的创新设计、先进工艺和文化元素，不断提升陶瓷文化创意产品的附加值。另一方面，推动知识链上技术进步需要加强产学研合作，促进知识和技术的转化。产学研合作是知识链上技术进步的重要途径，通过与高校、科研机构等合作，可以加强陶瓷文化创意产业的研发能力和技术创新能力，促进知识和技术的转化。例如，可以建立产学研合作平台，强化知识链上的各主体的技术交流与合作，共同开展新产品研发和技术创新活动，提高研究成果转化为具体陶瓷文化创意产品的速度，推动产业创新发展。

四、优化升级陶瓷文化创意产业链的意义

（一）有利于降低交易成本

当陶瓷文化创意企业完全通过市场行为来链接产业链的上、中、下游时，各个企业之间存在一定壁垒，物流、商流、资金流和信息流在产业链上难以实现高效运转，可能会产生较高的交易成本，而且存在着契约不完善、信息不对称、交易不确定等问题。通过陶瓷文化创意产业链的整合和优化升级可以提高信息透明度，降低信息不对称导致的交易成本，加强产业链上各主体的协作，从而提高产业的效率和竞争力。

（二）有利于提高资源配置效率

陶瓷文化创意产业链的优化，能够有效打通产业链上的障碍，减少中间

环节，提高产业链的协同效率，降低协调成本。在陶瓷文化创意产业中，由于产业链上下游环节的相互依存性，协同效率是影响产业上资源配置效率的重要因素。通过优化升级产业链、建立协同机制、完善协同流程等方式，提高产业链的协同效率，降低协调成本，实现链条上物流、商流、资金流、信息流的高效运转，最大程度提高资源配置的效率，打造完整、通畅、可持续的陶瓷文化创意产业链，为人民群众提供优质的陶瓷文化创意产品和服务。

（三）有利于促进区域经济协同发展

陶瓷文化创意产业链的优化的关键一环就是基于产业链上下游关系将不同优势环节的企业联结到一起，加强企业协作，实现产业链整体利益最大化和链上个体利益最优化。在产业链企业协同中，进一步壮大陶瓷文化创意产业核心企业的规模，形成以核心企业带动、配套企业协同发展的格局。同时，陶瓷文化创意产业具有较强的跨界性，陶瓷文化创意产业链的优化将辐射和带动衍生产业的共同发展，实现"陶瓷文化+"效应。

（四）有利于促进产业升级，提高链上企业竞争力

陶瓷文化创意产业链的优化能够汇集多方资源，推动陶瓷文化创意产业创新，实现陶瓷文化创意产业结构优化，推动陶瓷文化创意产业升级发展。同时，产业链上企业可以基于产业链获得资金、信息、劳动力共享和规模效应，使得生产和运营更加高效和专业化，在陶瓷文化创意产业链整体价值得到提升的同时，链上企业的整体竞争力也得到提升。

五、陶瓷文化创意产业链发展策略

（一）建设、升级陶瓷文化创意产业园

陶瓷文化创意产业的发展大多以产业集聚区的形式出现，形成陶瓷文化创意产业园。陶瓷文化创意产业园区内聚了大量陶瓷文化创意企业，能够充分发挥产业集聚作用，形成规模效应。在陶瓷文化创意产业园中，可以有效

整合陶瓷文化创意产业链的上下游企业，实现资源在产业链条上的高效、畅通流转，具有资源消耗少、配置效率高的特性。同时，陶瓷文化创意产业园可以有效整合陶瓷文化创意产业链和地区其他相关产业链，形成产业协同效应，创造更高的经济价值。

（二）拓展多元化融资渠道

陶瓷文化创意产业企业多为"轻资产"的小微型企业，融资难现象十分突出。拓展多元化融资渠道是解决陶瓷文化创意产业链高风险性和盈利不确定性的有效途径。一方面，政府要加大对文化创意产业的财政投入和资金支持力度，如对文化创意产业链条上的企业，在融资、税收等方面予以适当的优惠和支持；对处于初创阶段的陶瓷文化创意企业提供一定的创业资金扶持等。另一方面，政府及陶瓷文化创意产业园区应当搭建投融资平台，积极拓展融资渠道，鼓励相关金融机构推出适用于本地文化创意企业的金融服务产品，同时通过推介会、洽谈会等形式，推进社会资本流入陶瓷文化创意产业。

（三）推动知识产权保护

文化创意是陶瓷文化创意产业链价值创造的关键所在。陶瓷文化创意产业链条上流通的每一件产品都必然涉及知识产权保护的问题。加强知识产权保护，一方面可以维护和调动创作者的创作积极性，另一方面可以加强市场交易的有序性和规范性。首先，政府应当加强立法保护，建立一整套完整的知识产权保护体系。其次，知识产权执法机构应当加强知识产权侵权的执法力度，稳定市场秩序，维护健康行业生态。最后，政府和相关机构应当推动成立知识产权认证中心和知识产权保护协会，加强知识产权保护的宣传教育，为需要帮助的陶瓷文化创意企业提供知识产权保护法律援助。

（四）加强创意人才培养

创意人才是陶瓷文化创意产业链价值形成和增值的源泉和动力。创意人才素质的高低、创新能力的强弱将直接影响陶瓷文化创意产业链价值创造的大小。当下，陶瓷文化创意产业蓬勃发展，但优秀的陶瓷文化创意产品数量较少，究其原因为高素质创意人才的缺乏。政府、学校和企业均应重视创意人才的培养，形成合力，丰富创意人才培养模式。政府应该加大对于创意人才培养的政策、资金扶持力度。高校作为创意人才培养的主战场，应当注重理论与实践紧密联系，以市场需求为导向，产学研结合，培养具有创新意识、操作能力、善于经营管理的复合型高素质创意人才。企业要认识到创意人才对于企业发展的重要作用，从员工招聘、内部培训和薪酬激励等多方面，提升员工的创新思维和创意素质。

第八章 "试验区"建设背景下陶瓷文化创意产业园产业链构建思路与发展战略选择

本章从五个方面展开论述,分别为:陶瓷文化创意产业园产业链建设背景、陶瓷文化创意产业园产业链存在问题分析、陶瓷文化创意产业园产业链构建、试验区建设背景下陶瓷文化创意产业园产业链发展战略以及陶溪川陶瓷文化创意产业园产业链构建策略。

第一节 陶瓷文化创意产业园产业链建设背景

景德镇陶瓷产业历史悠久,经过千年的发展,形成了博大精深、丰厚灿烂的陶瓷文化。陶瓷文化创意产业是基于以创意为核心的经济发展模式的一种新型陶瓷产业形态,在产业自然演化和政府政策引导下,产生产业集聚,进而形成了陶瓷文化创意产业园。陶瓷文化创意产业园能够充分发挥产业集聚的作用,具有资源消耗较少、配置效率较高的特性,有助于产业链上企业之间的互动融合,是推动景德镇经济转型升级的全新模式。

2018年,国务院批复同意设立景德镇国家陶瓷文化传承创新试验区。"陶瓷文化"与"产业"的紧密结合是试验区建设的主旋律,试验区建设的诸多政策性文件,均对陶瓷文化创意产业的发展提出了指导方向和意见:发展文化创意和设计服务,实施"陶瓷+""文化+""创新+"行动;培育从事文化创意和设计服务的产业集团和产业联盟;鼓励和支持陶瓷文创产品研发和创意设计；推进陶溪川文创街区二期工程建设，指导陶溪川文创街区创建国家级文化产业示范园区……国家陶瓷文化传承创新试验区的设立与发展无疑为景德镇陶瓷文化创意产业园区的发展带来新机遇。

文化创意产业园产业集聚的基形态是产业链，产业链经营是陶瓷文化创意产业园的基本商业模式。在此背景下，对陶瓷文化创意产业园产业链的构建展开研究具有重要意义。

第二节 陶瓷文化创意产业园产业链存在问题分析

一、产业链单一不完整

相较于传统产业集群，陶瓷文化创意产业集群的组成成分更为丰富，不仅有陶瓷文化创意企业，还有各种陶瓷文化机构、非营利文化创意机构，以及陶瓷艺术场所和媒体传播中心等，这一特性决定了陶瓷文化创意产业园产业链形态具有多样性。陶瓷文化创意产业园作为陶瓷文化创意产业集聚区，多样性和变化性是它的基本特点。目前，陶瓷文化创意产业园在建设过程中，还未形成多样化产业链，产业链条单一。

从产业链上下游角度来看，陶瓷文化创意产业链包含陶瓷文化创意形成、陶瓷文化创意产品生产、陶瓷文化创意产品营销推广、陶瓷文化创意产品消费与体验多个环节，上下游链链接最终形成一条从创意形成到消费者不断增值的产业链条。现阶段虽然已有部分陶瓷文化创意企业入驻陶瓷文化创意产业园，但主要表现为同质化企业的堆砌，而非形成完整陶瓷文化创意产业上下游产业链条，产业链条不完整使得产业链上各个环节的作用无法有效发挥。

二、园区内外未形完整合作体系

在经济、历史、文化等多种因素的影响下，景德镇形成了雕塑瓷厂、景

第八章 "试验区"建设背景下陶瓷文化创意产业园产业链构建思路与发展战略选择

德镇 1949 建国陶瓷文化创意产业园、三宝国际陶艺村、陶溪川等多个陶瓷文化创意产业园区，依照景德镇国家陶瓷文化传承创新试验区实施方案，未来还将建设"陶大小镇""国际设计谷"等文化创意产业有关园区。在但现阶段各园区之间相对独立且定位差异不显著，缺乏必要的合作和资源共享，未形成合作体系。此外，虽然文化创意可以渗透到多个产业部门，对其他产业部门产生直接和间接的影响，但现阶段陶瓷文化创意产业作为地区产业的一部分，和地区其他产业联系尚不紧密，未形成明显的区域经济增长协同效应。

三、园区集群效应不明显

产业集群效应是陶瓷文化创意产业园的核心优势。但现阶段我国的陶瓷文化创意产业园区集聚效应不明显，主要原因是园区内企业局限于地理空间意义上的集群，而非产业集聚，企业之间的关联度低，陶瓷文化创意产业园区中各企业只是简单组合，并未在陶瓷文化创意产业链上各个环节"分工协作"的基础上实现"价值增值"。另外，部分陶瓷文化创意产业园区迫于盈利压力，放宽园区的进入门槛，允许一些非文化创意类企业进驻，导致园区内文化创意生态环境被破坏，不利于园区集群效应的发挥。

四、品牌效应不强

陶瓷文化品牌是陶瓷文化创意产业园的核心竞争力，也是园区持续发展的立足之本。陶瓷文化创意产业链构建应着力围绕如何创立陶瓷文化品牌、如何传播陶瓷文化品牌来塑造陶瓷文化创意产业园良好的信誉和公众形象展开。现阶段，以陶溪川为代表的陶瓷文化创意产业园品牌企业数量较少，缺少在国内外有影响力的陶瓷文化创意品牌。同时，陶瓷文化创意产业的推广渠道比较单一，陶瓷文化创意产品的推广受限，进一步的限制了陶瓷文化品牌效应的形成。

第三节 陶瓷文化创意产业园产业链构建

一、陶瓷文化创意产业园产业链构建原则

（一）加强产业链合作，打造园区内良性竞争生态

相较于传统产业园区，陶瓷文化创意产业园区内企业拥有相同的文化认同，园区内企业之间基于产业链链接，彼此利益也紧密相连。传统产业集群企业之间的关系更偏向竞争，而陶瓷文化创意产业园内企业更加注重基于产业链的联结与合作。过于激烈的竞争不仅伤害产业园区各方的利益，甚至会导致恶性竞争。因此，加强产业链合作，在园区内形成适度竞争的良性竞争生态十分必要。一方面，陶瓷文化创意产业园内企业立足产业链上下游关系，通过互相协调、合作，降低交易和交流成本，完善企业的管理体系，有利于弥补自身不足，提高对市场和消费者的响应速度和灵敏度；另一方面，产业园区内的适度竞争有利于保持产业发展活力，推动产业创新，陶瓷文化创意产业园区内各企业在保持各自核心竞争力的前提下，在彼此竞争中整合资源、分工合作、促进技术共享、协同创新、实现优势互补，从而提高陶瓷文化创意产品质量、降低生产成本、增强企业整体竞争力。总而言之。陶瓷文化创意产业园产业链构建过程中，需要重视园区内企业之间的竞合关系，打造良好园区竞争合作生态，这对提高陶瓷文化创意产业链的整体竞争力和促进园区产业健康可持续发展都有着积极的作用。

（二）打造园区内企业信息共享机制

链上企业之间的信息共享是降低园区内企业成本、促进陶瓷文化创意产业园内产业链形成和整合的一个重要条件。由于电子商务和移动互联网的发展，市场环境瞬息万变，市场竞争日趋激烈，陶瓷文化创意产业园企业面临的竞争形式十分严峻。立足陶瓷文化创意产业园，园区内企业建立信息共享

第八章 "试验区"建设背景下陶瓷文化创意产业园产业链构建思路与发展战略选择

机制,及时、充分反馈和交流市场讯息,对于园区内陶瓷文化创意企业市场竞争力的提升具有重要意义。首先,信息共享机制可以促进园区内各企业之间的协作。在陶瓷文化创意产业中,每个企业都拥有自己独特的优势和资源,如果能够实现信息共享和交流,则可以更好地整合资源,提高创新效能,使得企业可以更好地应对市场变化和竞争压力。其次,信息共享机制也可以帮助企业做出更准确的决策。在一个信息丰富的环境中,企业可以更全面地了解市场情况、客户需求、行业趋势和政策变化等信息,从而更好地制定企业战略和规划。同时,信息共享机制也可以帮助企业及时发现自身存在的问题和短板,以便及时进行调整和改进。第三,信息共享机制可促进产业生态的良性发展。当不同企业之间的信息得到共享、传播,企业间在人才、利益共享上建立信任,有利于培养出一个包容、创新、合作的良好产业生态,这种良性循环有助于吸引更多的优秀人才进入该领域,促进技术方案、设计理念等方面的创新。

(三)构建园区内产业链协调运作机制

陶瓷文化创意产园作为一个聚集了陶瓷文化创意产业链上下游企业的区域性经济组织,具有明显的产业集聚效应和规模效应。如果仅仅是产业链上的各个主体在园区空间内实现简单的集聚,或者园区内企业基于市场交易关系产生链接,并不能够最大限度的发挥陶瓷文化创意产业园区的作用。目前,景德镇陶瓷文化创意产业园内企业更多是单一的个体,企业与企业之间联系不紧密,导致现有陶瓷文化创意产业园产业集聚效应不明显,园区内主体距离实现协作共赢还存在较大差距。因此,在陶瓷文化创意产业园内建立一套完善的产业链协调运作机制,加强企业合作、促进园区内产业链高效运转、提高园区内资源利用率势在必行。一方面,良好的产业链协调运作机制还可以促进产业链上各个企业之间的紧密合作、资源共享和优势互补,提高整个陶瓷文化创意产业链的竞争力。另一方面,对于规模较小的陶瓷文化创意企业而言,单一企业很难实施全产业链战略,将业务范围覆盖整个上下游产业链,所以专注于产业链条上的某一环节,提升企业的专业能力,形成自己的竞争优势,是大部分陶瓷文化创意企业的发展方向。园区内产业链协调运作机制可以实现园区内上下游企业的协作共赢,使得企业能够更加专注于发展企业优势业务,打造企业的核心竞争力,进而提高整个陶瓷文化创意产业园区的专业性和竞争力。

(四)成立园区风险共担联盟

陶瓷文化创意产业园区内产业链的各个环节高度集聚,园区内企业风险与收益紧密相连。伴随着市场竞争日益激烈,突发事件(如自然灾害、政策变化等)的影响日益增强,产业所面临的风险也日益增多,而风险也会通过产业链上下游关系扩散蔓延。以景德镇陶瓷文化创意产业为例,陶瓷文化创意产业内的企业多为小规模、轻资产性质的企业,企业的抗风险能力整体较弱,一旦产业链上某个环节面临风险,可能对整个产业链条产生不利影响。因此,成立陶瓷文化创意产业园风险共担联盟尤为重要。首先,成立园区内风险共担联盟可以将园区内各个企业和机构之间联系起来,形成强大的联合力量,共同应对风险,提升企业的抗风险能力。其次,该联盟可以通过信息共享、技术支持等方式,在风险应对方面进行有效的协调。第三,风险共担联盟可以提高整个陶瓷文化创意产业链上企业的风险管理意识和能力。同时,借助联盟平台,还可以促进企业间交流、合作和创新,推动整个陶瓷文化创意产业稳步健康发展。总而言之,成立陶瓷文化创意产业园风险共担联盟具有重要的意义和作用,它不仅可以加强产业安全保障,还有助于推进陶瓷文化创意产业向高端、绿色的方向发展,促进经济增长,保障社会发展的可持续性。

二、陶瓷文化创意产业园产业链构建思路

(一)打造园区优质主导产业

对于陶瓷文化创意产业园来说,构建优质产业链的核心在于打造园区优

第八章 "试验区"建设背景下陶瓷文化创意产业园产业链构建思路与发展战略选择

质主导产业。产业链整合的前提是打造园区优质主导产业，这是一个产业园的"核心优势"构成部分，也是陶瓷文化创意产业园中其他产业在园区内能够生存与发展的依托。陶瓷文化创意产业园虽然具有明显的产业集聚效应，由于受财力和资源所限，一个陶瓷文化创意产业园难以实现陶瓷文化创意产业链条上所有环节全部覆盖与均衡发展。即使一个园区有充足的资金、人力和资源实现产业链上各个环节均衡发展，也会产生较高的管理和经营成本，从成本和收益视角考虑这显然不是一个陶瓷文化创意产业园区发展的优质战略选择。从本书第七章陶瓷文化创意产业价值链的视角来看，产业链上并非所有环节都是"高价值增长"环节，因此，选择陶瓷文化创意产业链条上能够实现"高价值增长的"优质的主导产业则有利于资源的集中，实现高效利用，从而实现园区内整体产业链更高的价值增长。从"微笑曲线理论"来看，产业链的两端是价值创造的"高价值增长"环节。以景德镇陶溪川陶瓷文化创意产业园为例，陶溪川围绕"周末集市＋邑空间"这一产业链条下游的陶瓷文化创意产品体验和消费环节，可以聚集人气，打造陶溪川品牌形象，形成园区主导产业，这是打造陶瓷文化创意产业园区优质主导产业的成功示范。

（二）建立完整的支撑产业以保障产业链的良性发展

在集中主要精力打造主导产业同时，陶瓷文化创意产业园的建设者需要认识到单一主体产业难以促进园区的良性发展，园区发展过程中需要基于主导产业的产业链建立完整的支撑产业，进而为主导产业提供资源、技术和信息等方面的支持，实现园区内产业链的高效连贯。主体产业＋支撑产业实现完整的产业链可以促进园区内产业链上各环节间的协调和配合，提高陶瓷文化创意产品和服务质量，同时主体产业和支撑产业相辅相成，基于空间上的相近和产业的关联性，可以实现资源共享，从而有效节约物资和时间成本，保证了陶瓷文化创意产业园内的企业在生产环节中的高效运转，降低管理成本，增强企业竞争力和市场活力。本书结合有关研究，以文化创意内容的流通增值路径为核心，将陶瓷文化创意产业链分为三大环节：上游是陶瓷文化创意开发生成，中游是陶瓷文化创意产品生产制作，下游是陶瓷文化创意产品推广与销售。陶瓷文化创意产业园区应当充分发挥产业集聚效应，在重点打造主导产业的基础上，围绕产业链上下游，实现产业链集聚，对主导产业形成良好的支撑作用。

（三）打造良好的带动产业链

主导产业是一个区域竞争和发展的核心产业，核心产业在发展过程中，可以形成扩散效应，带动相关附属产业共同发展，同时促进主体产业的繁荣。以近年来国内飞速发展的新能源企业产业为例，新能源汽车产业的爆发式增长带动了锂电池、氢燃料电池、智能汽车芯片、车载智能设备、高精地图等产业的发展。

因此，在陶瓷文化创意产业园建设中，打造与陶瓷文化创意产业相互依存、相互促进的带动产业是十分必要的。休闲服务业和旅游业是园区的主要带动产业，优秀的陶瓷文化创意产业园可以成为旅游产业的"打卡点"，也可以带动园区内休闲娱乐、书吧、餐厅、咖啡馆等产业发展，这些产业与园区的主体——陶瓷文化创意产业相辅相成。园区内特色的陶瓷文化创意产业的打造能够产生文化吸引，带动旅游产业发展，而园区内人员的聚集，为休闲服务产业带来客流，促进园区内商业的繁荣。同时，旅游业、休闲服务业的发展也能为陶瓷文化创意产业的发展提供良好的商业环境，反过来促进陶瓷文化创意产业链的发展与优化。以景德镇陶溪川文化创意产业园为例，陶溪川的设计定位为"以陶瓷文化为主体的一站式文化休闲娱乐旅游体验创意园区"，目前园区内"周末集市+邑空间"吸引了众多全球各地的游客，游客聚集也刺激了陶瓷文化创产品的消费与体验，同时也带动了园区内精品酒店、特色餐厅、红酒窖、书店、咖啡馆等产业的繁荣。

（四）加强衍生产业开发

在陶瓷文化创意产业园产业链构建过程中，不仅要重视主导产业，更要着力打造陶瓷文化创意衍生产业，延长产业链，创造更高价值。衍生产业作为产业链的末端，也是微笑曲线上的"高价值增长"环节。衍生产业的发展对于延伸产业链、提升产业链的整体价值具有重要的意义。尤其对于复制、传播边际成本递减的文化创意产业而言，衍生产品开发具有投入成本较低、产出效益较高的优越性。加强衍生产业的拓展对陶瓷文化创意产业的增值，以及后续产品的开发都有着极其重要的意义。融入地域文化和特色等各类文化衍生品一直是文化创意和旅游产业中的重要产品。陶瓷文化创意衍生产品所融入的陶瓷文化或者使用陶瓷材料，具有中国文化特色，视觉表现丰富多彩，拥有广阔的市场发展前景。2020年的新冠疫情以来，我国线下文化创意体验与消费活动受到较大冲击，但基于互联网线上的新需求、新贸易、新消费却得到持续性的发展，不少新业态在这期间得以凸显，这也为陶瓷文化创意衍生产品的创新发展提供了新的机遇，景德镇陶瓷文化创意企业和文旅部门充分认识到所面临的机遇与挑战，联合高校、博物馆等机构围绕陶瓷文化举办了多场次的云展览、云讲座、云宣传等活动，并且积极地利用自身优势资源与线上平台、技术企业、服务供应商等寻求合作。伴随云市集、云直播、云旅游等系列项目的开展，推出了众多融合数字信息技术、在互联网领域内广泛传播的陶瓷文化创意衍生产品，收获了良好的市场反响。

三、陶瓷文化创意产业园产业链构建策略

（一）构建陶瓷文化创意产业园横向产业链，打造文化创意共生共荣生态圈

陶瓷文化创意产业园区的发展需要构建一条与外部环境和谐共生的横向产业链。横向产业链在构建过程中，不仅要考虑陶瓷文化创意产业园区的产业发展，更要注重园区与园区之间、陶瓷文化创意产业与区域其他相关产业之间的协同合作，最终形成文化创意共生共荣生态圈。横向产业链的构建能够扩宽陶瓷文化创意产业园区的业务范围，最终形成陶瓷文化创意产业规模效应。

因此，在景德镇陶瓷文化创意产业园的建设中，应当注重解决产业园之间横向产业链的构建。政府及园区管理部门，应当合理配置产业发展所需的文化、资金、技术、人员、基础设施等资源，构建完善的园区统筹管理系统，加强各园区之间以及园区内与园区外产业之间的联系，促进产业链中各要素在园区之间、园区内与园区外产业之间的自由流动，从而实现资源共享，打造陶瓷文化创意产业共生共荣生态圈。

（二）构建陶瓷文化创意产业园纵向产业链，形成价值增值全景产业链

针对现阶段陶瓷文化创意产业园产业链单一不完整的现状，陶瓷文化创意产业园区在建设发展过程中需要立足产业链上下游关系，构建一条不断增值的纵向产业链。产业链条上企业的联系与合作是构建纵向产业构建的关键着力点，通过企业之间的联系与合作补全现阶段文化创意产业园中缺失的产业链环节，最终形成陶瓷文化创意产业链的闭合。纵向产业链构建应以文化创意为核心，以市场需求为导向，在此基础上驱动陶瓷文化创意产品设计与开发，促进陶瓷文化创意产品的消费与体验，形成上下联动、一次投入、多次产出的陶瓷文化创意产业链，实现陶瓷文化创意产业资源有效整合和良性循环。

具体而言，陶瓷文化创意产业纵向产业链包括：陶瓷文化创意生成、陶瓷文化创意产品生产、陶瓷文化创意产品营销推广、陶瓷文化创意产品消费体验四个阶段性环节。消费者在消费和体验文化创意产品过程中，会进一步催生新的文化创意，进而使四个环节形成良性循环。基于这四个阶段，在陶瓷文化创意产业园纵向产业链打造过程中，园区和政府有关部门一方面要在陶瓷文化创意产业园创建时基于产业链全貌进行合理规划，在企业引进环节注意覆盖产业链上各环节，同时各个环节的比例要进行科学规划，要着力打造产业链上"高价值增长"的主导产业环节，利用园区政策，加强产业链上企业之间的交流与合作；另一方面，基于这四个关键性环节，应当有针对性地在园区提供创意人才培养、融资平台支持、知识产权保护、销售渠道支撑

第八章 "试验区"建设背景下陶瓷文化创意产业园产业链构建思路与发展战略选择

等有关服务，立足产业链需求，整合关键性资源，在园区内实现资源共享，促进资源在陶瓷文化创意产业园产业链上各个环节的畅通流转。如图8-3-1所示，要形成一条由创意生成到消费者消费体验不断增值的全景陶瓷文化创意产业链条（图8-3-1源自：作者根据有关资料整理绘制）。

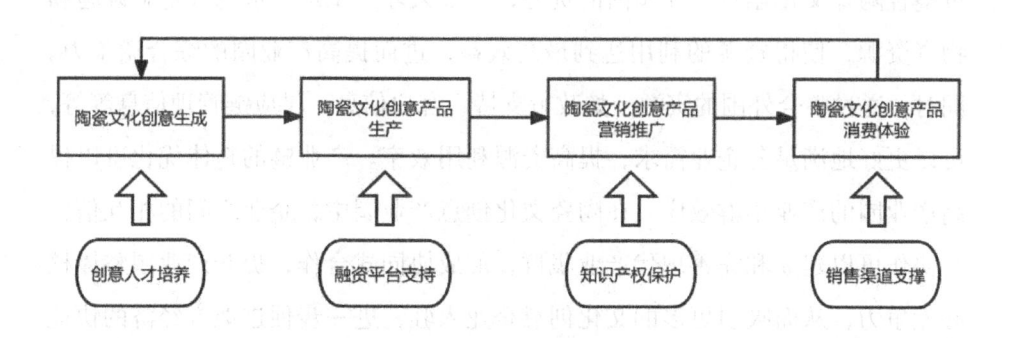

图 8-3-1 陶瓷文化创意产业园区纵向产业链构建图

第四节 试验区建设背景下陶瓷文化创意产业园产业链发展战略

一、产业链视角下陶瓷文化创意产业园战略管理思路

（一）以产业链整体优化作为战略管理目标

陶瓷文化创意产业园产业链整体优化是立足产业链整体，对产业进行的一种整体性、系统性的改进和优化。产业链整体优化不是针对园区内单一企业，而是通过对产业园内各个企业之间、不同产业之间以及产业与外部环境之间的关系进行调整和优化，实现产业链协同高效运转，提高企业生产力和产品质量。对于一个陶瓷文化创意产业园来说，通过对产业链进行整体优化可以实现诸如提升供应链效率、降低生产成本、推动创新升级等多方面的效

益。陶瓷文化创意产业园要实现产业链的整体优化，应当由园区内主导产业的核心企业牵头，园区内产业链上各成员共同努力参与，建立园区内产业链协作管理系统，加强成员间之间的交流与协作，以促进陶瓷文化创意产业链的提升，实现共同创新。产业链的整体优化可以提高园区内资源利用率。通过整合陶瓷文化创意产业园内的资源，比如人才、土地、水电等基础设施和物资资源，使得资源的利用达到最高效益，进而提高产业园的综合竞争力。同时，通过整合外围的资源，如政策支持、客户信息、供应链管理信息等等，可以更好地满足各企业需求，提高资源利用效率。产业链的整体优化可以提高产业园的产业集群效应。在陶瓷文化创意产业园中，企业之间的相互信任与协作可以建立和完善现代产业集群，形成协同式合作，提升产业园整体核心竞争力，从而吸引更多的文化创意企业入驻，进一步促进地方经济的快速发展。产业链的整体优化可以推动产业的升级和创新。通过对产业链上下游的优化和整合，推动技术、品牌、营销等因素的紧密耦合和互动，使陶瓷文化创意产品和服务更加适应市场需求，达到提高园区内企业核心竞争力的目的。

（二）以园区内链内成员间关系作为战略管理的重点

一个运作良好的陶瓷文化创意产业园应当基本覆盖产业生态系统中的所有环节，协调和支持整个园区上下游各环节之间的相互依存和协作关系。因此，陶瓷文化创意产业园战略管理应当重点关注产业链内成员间关系。在陶瓷文化创意产业园中，企业之间的关系紧密，既有正式基于市场交易、战略联盟、合作研发等形成的正式契约联系，也有基于相同的文化认同、地域和情感等因素建立起的非契约式联结。在复杂多变的关系网络中，加强园区内企业的关系管理可以减少陶瓷文化创意产业链条上企业间交易中的不确定性，减少成员间交易中的谈判、控制、监督、磨合等相关交易成本和风险。因此，建立园区内企业稳定长远的合作关系是陶瓷文化创意产业园产业链管理的核心。合作关系不仅体现在花钱获取服务的合同形式上，还体现在双方诚信、

第八章 "试验区"建设背景下陶瓷文化创意产业园产业链构建思路与发展战略选择

规范、共赢的价值观念上。产业园内成员企业基于产业链上下游关系，企业可能同时承担客户和供应商的角色，合作安排需注意各方的利益均衡，特别是在目标制定、决策执行等方面，要注重沟通、协调与协商，确保每个环节充分保证园区内陶瓷文化创意产品的质量和服务的水平。

（三）以市场作为产业链内资源配置的主要方式

顾客需求是陶瓷文化创意产业发展过程中的决定性因素。虽然陶瓷文化创意产业园有众多政策倾斜和市场协调机制，但是为了生产出更加符合消费者需求的产品，需要以顾客需求为导向，发挥市场在陶瓷文化创意产业链上资源配置的作用。市场机制可以提高陶瓷文化创意产业链上资源的配置效率，市场供求、价格机制主导资源配置能使陶瓷文化创意产业链上成员充分感受到市场竞争压力，更加负责任地使用资源，并根据市场需求来制定生产和资源分配计划，这样不仅能够提高资源利用率，还可以通过竞争促进技术创新，从而提高整个产业链的效率。同时，只有发挥通过市场优胜劣汰机制，淘汰不适应市场需求的企业，才能够保证陶瓷文化创意产业链的灵活性与高效率。

（四）以园区内企业高参与型管理作为主要管理风格

产业链中的高参与型管理指在陶瓷文化创意产业园管理决策过程中引导产业链各个环节的企业参与其中。产业链上的每个环节都是互相依存和影响的，单一环节的疏忽或者不足可能会对整个产业链造成负面影响，只有产业链上所有主体共同参与，才能实现陶瓷文化创意产业园产业链整体价值创造最大化。首先，产业链上成员的共同参与产业园管理，可以帮助园区企业更好地把握市场动态。产业链是由上游到下游连接起来的不同层级的企业组成，每个企业都在不同的链条环节中承担着不同的任务。因此，通过让产业链上所有成员参与决策，可将整个行业的前景以及各个企业的生产经营状况进行深入分析和评估，结合市场数据与用户反馈等信息形成最佳决策方案，使企业能够准确掌握市场走向，及时做出反应。其次，在产业链上企业共同参与管理过程中，可以有效整合陶瓷文化创意产业园内各个环节的生产流程，充分利用各自的资源优势，提高协同效应，从而在整个产业上提高生产效率、降低生产成本和提升产品质量。最后，共同参与还可以促进陶瓷文化创意产业园内企业间形成合作共赢的良性竞争关系。通过贯彻共同利益理念，产业链上各方成员可以更充分地分享知识经验，促进技术创新，生产出更加适销对路的陶瓷文化创意产品。

二、陶瓷文化创意产业园产业链发展战略选择

（一）园区集群化战略

园区集群化战略是指以陶瓷文化创意产业园为基础，在产业园区范围内，陶瓷文化创意产业及相关产业密集聚集、相互依托、协同发展。园区集群化的核心是：在陶瓷文化创意产业园内通过优化园区布局、建立协同机制、提供共享服务、加强产学研合作等手段促进企业之间形成紧密的生产、学习和创新网络关系。园区内的企业并非简单的地理意义上的集聚，而是一种基于产业链使陶瓷文化创意产业园区企业整体价值大于单个企业创造的价值之和的整合与优化，是从单一的陶瓷文化创意企业逐渐成为具有核心竞争力的陶瓷文化创意产业集群的演进。集群化战略又可以分为园区纵向集群化战略、横向集群化战略、综合集群化战略。

纵向集群化战略是以陶瓷文化创意产业链上下游多个环节为基础，在园区内实现整个产业链上下游企业集聚与协同的战略。一方面，产业链的纵向集聚可以降低交易成本提高产业链的资源配置效率；另一方面，由于产业链具有价值传导与扩散的功能，基于纵向产业链在园区内实施集群化战略可以通过产业链的带动关系，将产业链上一个环节的优势扩散到产业上其他环节，从而实现整个产业链的优化升级。因此陶瓷文化创意产业园区在实施纵向集群化战略时，首先应当确立的就是园区内"高价值增值"的优势主导产业，再以主导产业为基础，立足产业链上下游关系，在园区内建立相对完整的产业链，以优势主导产业带动整个陶瓷文化创意产业园内其他相关产业的发展，

第八章 "试验区"建设背景下陶瓷文化创意产业园产业链构建思路与发展战略选择

同时支持相关产业的发展也为优势主导产业的发展创造良好的产业环境,通过纵向产业集群使得园区内所有企业受益。

横向集群化战略是指在园区内基于产业链的某个环节横向发展,将同类企业聚集到一起,形成规模效应,进而形成较大规模的陶瓷文化创意产业集群。同类企业在陶瓷文化创意产业园内集聚一方面可以共用配套资源,实现优势互补;另一方面,同类企业之间的市场竞争可以提高陶瓷文化创意产业园内的市场活力,促进产业创新。因此,陶瓷文化创意产业园在实施横向集群化战略过程中,首先应当确定园区产业发展的主要方向,引入大量相关优质企业,在园区内实现横向产业集聚,并基于园区内企业提供相对的政策、资金、技术、人才支持。

综合集群化战略即产业链横纵向集群综合发展的模式。在陶瓷文化创意产业园中,既有产业链的纵向环节企业在园区内集聚,也有基于某个产业环节汇集大量同类型企业。综合集群化战略是纵向与横向的兼顾,可以在陶瓷文化创意产业园内培育具有更大规模效应的产业集群。但这种战略更多适用于经过一段时间发展、各种协作机制较为成熟的陶瓷文化创意产业园区。

(二)联盟战略

联盟战略指基于陶瓷文化创意产业链,在产业链上下游企业之间、产业链上同类企业之间、产业园和产业园之间,建立战略联盟关系。建立战略联盟的形式具有多样性,通过合作研发提高企业的知识技术水平,通过共同开拓市场提高各自的市场份额。整体来看,联盟中的企业之间能够实现资源共享、风险共担、降低成本、提高效率,通过相互合作可快速获得竞争优势而又不失自身独立性。战略联盟的建立将极大地提升陶瓷文化创意产业园和园区内企业的核心竞争力,同时也可以减少不同园区之间、不同企业之间的利益冲突,从而形成多方共赢的陶瓷文化创意产业生态。

(三)多元化战略

多元化战略指在陶瓷文化创意产业园区内打造以陶瓷文化创意产业链

条为核心的多元化产业链。陶瓷文化创意产业园是一系列与陶瓷文化创意关联的产业在一定空间范围内集聚的特定地理区域，是以具有鲜明陶瓷文化创意形象并对外界产生一定吸引力的融生产、交易、休闲、居住为一体的多功能园区。文化创意具有高渗透性和高融合性，陶瓷文化创意能够在各个产业、各个领域之间进行渗透融合，一切被赋予陶瓷文化创意属性和内涵的产品和服务都可进入陶瓷文化创意产业的相关范畴，产业链形态呈现多样化的特点。陶瓷文化创意产业链的特点要求园区内陶瓷文化创意产业链条的打造必须坚持以文化创意为核心，发挥"陶瓷文创+"的作用，打造多元化的陶瓷文化创意产业链形态，在园区内形成良好的陶瓷文化创意生态，创造更高的产业链价值。此外，从陶瓷文化创意产业园的定义中我们可以看出一个陶瓷文化创意产业园区的发展，不可能只存在简单的陶瓷文化创意产业链条。陶瓷文化创意产业链的发展需要相关产业的支撑，同时陶瓷文化创意产业链的发展能够带动相关产业的发展。园区发展建设需要打造以陶瓷文化创意产业链条为核心的多元化产业链。多元化战略的实施一方面能够实现陶瓷文化创意产业链与其他相关产业链的共同发展，形成产业协同效应，同时也能创造就业岗位，创造更高的产业链价值，实现园区效益，促进地区经济健康增长。另一方面，多元化战略丰富了陶瓷文化创意产业园区功能，释放园区休闲娱乐空间，并在园区服务内容的不断发展过程中，能与周边居民区产生良好的互动。

（四）产业链延伸战略

产业链延伸指在现有产业链产业链环节基础上通过增加资金、技术、人力等生产要素，增加产业链条上的价值增值环节，使得产业链得以延长和扩展，提升产业链整体价值的过程。陶瓷文化创意产业园产业链延伸主要分为三种表现形式：(1)园区内延伸与园区外延伸。园区内延伸是指在陶瓷文化创意产业园区内实现陶瓷文化创意产业链环节的增加，实现产业规模扩大和产业链价值增值。园区外延伸是指立足陶瓷文化创意产业园所处地区整体产业环境，基于陶瓷文化创意产业链条，链接园区内外相关产业，发挥陶瓷文化创意产业园的带动效应，打造区域范围内的良好文化创意产业生态，实现园区内外共生共荣。（2）内涵式延伸与外延式延伸。内涵式延伸是指在陶瓷文化创意产品生产消费过程中对处于核心环节的节点之间结构功能的优化完善。外延式延伸是指将与陶瓷文化创意产业相关联的行业部门通过区域产业竞合的方式纳入到陶瓷文化创意产业园的运行过程中。（3）纵向延伸与横向延伸。纵向延伸是指陶瓷文化创意产业向上游延伸到陶瓷文化创意的规划开发与产品概念设计环节，向下游延伸到陶瓷文化创意产品的营销与市场反馈环节。横向延伸是指经营同类型陶瓷文化创意企业之间收购、兼并或者联合经营，从而使陶瓷文化创意产业经营业务范围不断横向扩展，以便扩大经营规模，降低经营成本以及增强陶瓷文化创意产业园竞争力。

第五节　陶溪川陶瓷文化创意产业园产业链构建策略

陶溪川陶瓷文化创意产业园是中国首座以陶瓷文化为主题的一站式文化休闲娱乐旅游体验创意园区。目前，陶溪川文创园已被授予"省文化产业示范基地""省生态文明示范基地""省休闲服务业集聚区试点""全省青年（大学生）创业孵化示范基地""景德镇十大陶瓷文化景观""景德镇首届最具成长性文化产业创新项目""文化部 2015 年国家特色文化产业重点项目"等荣誉，是目前国内外陶瓷文化创意产业园的典型代表。因此，对陶溪川陶瓷文化创意产业园产业链的构建策略进行探讨，对于其他相关陶瓷文化创意产业园区的发展具有重要的指导意义。

基于前文所述，本书认为陶溪川陶瓷文化创意产业园产业链构建可以从以下几个方面具体展开。

一、发挥产业联动效应，打造"陶瓷文创+"生态

文化创意产业具有渗透融合经济、社会、科技等多方面的产业的能力，

陶瓷文化创意产业通过与相关产业的高度融合，形成产业联动，推动区域经济的整体发展。陶瓷文化创意产业和其他产业融合，能够形成一种新型的"陶瓷文创+"产业业态。通过融入新的思想、创意、设计和文化，对传统产业链进行重新解构与重组，可以推动传统产业向高级化迈进，实现区域内产业的共同繁荣，推动区域经济的优化发展。陶溪川是陶瓷文化为主题的一站式文化休闲娱乐旅游体验创意园区，应当将陶瓷文化与园区内产业，如旅游、休闲等产业结合，形成"陶瓷文创+"生态，强化园区内外各产业间的正向关联性，提高园区整体竞争力。

二、打造园区联盟，变竞争为合作

产业联盟是指产权独立、地域分散、生产相同或同类产品或生产同一产业价值链上不同产品的有着密切关联的企业和组织通过某种无形或有形的契约产生的集合，是产业集群演化发展的新阶段。陶溪川横向产业链的构建，需要加强和其他陶瓷文化创意产业园区之间的协同合作。景德镇现有较为成熟、具有一定产业知名度和品牌影响力的陶瓷文化创意产业园有雕塑瓷厂、景德镇1949建国陶瓷文化创意产业园、三宝国际陶艺村等，产业园之间的竞争也日趋激烈，同质化的模式和竞争对陶瓷文化创意产业整体发展不利。陶瓷文化创意产业园区之间可以通过园区同盟的形式，形成园区之间的要素流动共享，合作共赢。

三、延伸产业链，打造陶瓷文化创意全景产业链

陶瓷文化创意产业链纵向延伸是朝着产业上、下游不断拓展延伸，使产业布局更加完善，产业经营成本、竞争优势更加凸显。在现阶段陶溪川陶瓷文化创意产业园区中，虽有多种类型的企业入驻，但尚未覆盖陶瓷文化创意产业链上的各个关键环节。在陶溪川的产业链打造过程中，应当立足陶瓷文化创意产业链，引入产业链条上关键性节点企业，强化产业上下游企业的关

联性，在园区内形成陶瓷文化创意产业链环节全覆盖，从而降低交易成本，提高资源配置效率，实现产业链条中企业整体利益最大化。

四、立足产业链环节，完善园区服务体系

陶溪川文化创意产业园区建设需立足陶瓷文化创意生成、陶瓷文化创意产品生产、陶瓷文化创意产品营销推广、陶瓷文化创意产品消费体验四个产业链阶段性环节，完善园区配套服务体系。在文化创意生成环节，人才是关键因素，陶溪川陶瓷文创园建设过程中，一方面可以聘请专家学者开展论坛讲座或者组织网络课堂学习活动，为园区内文化创意产业从业人员提供指导；另一方面可以制定人才引进优惠政策和环境，吸引国内外优秀文化创意人才。在陶瓷文化创意产品生产环节，由于陶瓷文化创意企业多为"轻资本"的小微企业，企业融资难现象突出。陶溪川文创园应当发挥文化＋资本的共同作用，搭建融资服务平台，拓宽陶瓷文化创意企业融资渠道。在陶瓷文化创意产品营销推广方面，知识产权保护是陶瓷文化创意企业面临的主要问题，园区应建立知识产权服务平台，及时为有需要企业提供服务。在产品销售消费者体验环节，现阶段园区销售渠道比较单一，应当结合当下数字经济快速发展的时代机遇，不断拓宽销售渠道。

五、抓住试验区机遇，扩大陶溪川品牌影响力

在陶溪川文化创意产业园入驻园区的企业和机构中，大部分知名品牌来自于景德镇地区外，如园区内入驻的艺术机构有北欧艺术中心、B&C国际设计中心、韩国利川陶艺协会、安田猛陶艺工作室等，陶溪川尚未形成一个属于自己的龙头品牌。在试验区建设文件中，文件为陶溪川的发展指明方向——指导陶溪川文创街区创建国家级文化产业示范园区。试验区的建设，将为陶溪川品牌的打造提供有力支撑。陶溪川园区和园区内文化创意企业都应该充分认识到陶瓷文化品牌的价值和意义，结合实际情况，针对性打造陶瓷文化

品牌，依托品牌优势，形成品牌效应实现资源集聚和整合，带动陶溪川陶瓷文化创意产业园和园区内企业一块做大做强。

六、实施产业链招商，促进园区专业化发展

实施产业链招商是实现陶瓷文化创意产业园区内陶瓷文化创意产业链链条完整、畅通的有效手段。产业链招商可通过集聚产业链上下游企业，促进资源共享和优化配置。在陶瓷文化创意产业园产业链招商体系中，应当注重产业链上各环节企业的引入比例，既要使得引入产业链上下游相关企业之间形成合作关系，又要注重园区内主导优势产业环节的打造，在招商环节加强控制和引导从而使园区内每个企业专注于自身优势领域的生产流程，避免冗余、浪费，达到共同提高效率、降低成本、提高产品质量的目的。陶溪川在明确园区产业发展方向的基础上，立足产业园"以陶瓷文化为主体的一站式文化休闲娱乐旅游体验创意园区"的战略定位，在陶瓷文化创意产业园招商过程中，应当基于陶瓷文化创意产业链全局，引入产业链上各环节的企业，并加强"陶瓷文化创意产品消费和体验"这一园区优势，积极引进主导产业企业入驻园区。除此之外，产业园建设不仅要注重主导产业的产业链构建，同时也应该引入休闲、娱乐、旅游等产业园的带动产业链上的企业，实现主导产业链和带动产业链相互协调促进，实现园区内产业链从单一链条向多层次产业网络发展，从而促进园区产业创造更高的价值。

参考文献

[1] 孙法震，孟燕.基于齐文化的淄博陶瓷文创产品设计研究[J].陶瓷，2023（06）：180-182.

[2] 钟春霞，李芦生，赖欣，等.基于文化传承与创新下的景德镇陶瓷文化对外传播[J].陶瓷研究，2023，38（03）：51-53.

[3] 童敏慧，盛成龙，黎晶，等.陶溪川文创街区的发展启示——基于场景理论的视角[J].陶瓷研究，2023，38（02）：87-90.

[4] 孙静静.陶瓷文化资源数据库在高校思政教学中的应用探究[J].陶瓷科学与艺术，2023，57（04）：32.

[5] 何也.景德镇陶瓷艺术文化创意园空间设计比较研究[J].陶瓷研究，2023，38（02）：57-60.

[6] 李锦伟，涂彦珣，李聪，等.景德镇陶瓷非物质文化遗产的传承与发展路径研究[J].陶瓷研究，2023，38（02）：84-86+90.

[7] 王姝姝.提升景德镇陶瓷文化产业竞争力路径分析——基于国家陶瓷文化创新试验区建设[J].佛山陶瓷，2023，33（03）：77-79.

[8] 杜志豪，潘玲霞.景德镇陶瓷文创产品设计理念的探讨[J].陶瓷科学与艺术，2023，57（03）：30-31.

[9] 王姝姝.结合景德镇区域特色的陶瓷文化产业竞争力分析[J].景德镇陶瓷，2022，50（06）：76-79.

[10] 章明.景德镇陶瓷文化的历史演进与现代传承[J].文化学刊，2022（09）：50-53.

[11] 黎丽明. 从工匠到艺术家 [M]. 桂林：广西师范大学出版社，2021.

[12] 吴煜. "一带一路"：中日陶瓷贸易发展与战略研究 [M]. 南昌：江西高校出版社，2018.

[13] 陈宁. 从 china 到 China：中国陶瓷文化三十讲 [M]. 南昌：江西高校出版社，2020.

[14] 刘昌兵. 海上陶瓷之路研究 [M]. 南昌：江西美术出版社，2020.

[15] 黄勇. 景德镇陶瓷科技城建设与城市创新研究 [M]. 南昌：江西高校出版社，2018.

[16] 肖绚，陈致敏. 景德镇陶瓷文化景观符号空间研究 [M]. 南昌：江西美术出版社，2018.

[17] 李松杰. 景德镇陶瓷工业文化遗产研究 [M]. 南昌：江西美术出版社，2018.

[18] 陈宁. 陶瓷概论 [M]. 南昌：江西高校出版社，2018.

[19] 《中国现代陶瓷艺术》编委会. 中国现代陶瓷艺术 [M]. 武汉市：武汉理工大学出版社，2018.

[20] 邢鹏. 中国近现代陶瓷教育史 [M]. 南昌：江西高校出版社，2017.

[21] 郑艺. 景德镇文旅融合创新发展实践的案例研究 [D]. 南昌：江西财经大学，2022.

[22] 王超. 景德镇陶溪川文化旅游融合发展案例研究 [D]. 南昌：江西财经大学，2022.

[23] 韩策. 中国建筑陶瓷文化元素在现代园林景观中的更新规划设计研究 [D]. 石家庄：石家庄铁道大学，2022.

[24] 熊子伶. 景德镇国家陶瓷文化传承创新试验区系统协同发展研究 [D]. 景德镇：景德镇陶瓷大学，2020.

[25] 封绪荣. 景德镇陶瓷文化创意旅游线路设计研究 [D]. 桂林：桂林理工大学，2020.

[26] 向超. 文化传承背景下的景德镇古窑陶瓷文化旅游基地设计研究 [D]. 景德镇：景德镇陶瓷大学，2019.

[27] 熊易龙. 景德镇陶瓷文化创意产业发展对策研究 [D]. 南昌：南昌大学，2019.

[28] 张景棋. 景德镇陶瓷文化空间的生产格局及机制研究 [D]. 景德镇：景德镇陶瓷大学，2018.

[29] 洪琳. 景德镇陶瓷文化对外传播研究 [D]. 南昌：江西师范大学，2018.

[30] 章文博. 景德镇陶瓷文化的哲学探究 [D]. 景德镇：景德镇陶瓷大学，2018.

后记

文化创意产业对于促进经济增长、优化产业结构发挥着举足轻重的作用。建设文化创意产业园，形成文化创意产业规模优势是文化创意产业发展的典型模式。现阶段，景德镇陶瓷文化创意产业园还存在着产业链单一链条不完整等问题。因此，作者从产业链视角对陶瓷文化创意产业园建设展开研究。经过对相关理论的系统梳理和实地调研，最终形成这样一个粗浅的成果。本书提出了一些建议举措，希望能够对促进景德镇陶瓷文化创意产业园建设、推动景德镇陶瓷文化创意产业发展、促进景德镇陶瓷产业经济发展发挥积极作用。

本书是江西省哲学社会科学重点研究基地项目"国家陶瓷文化传承创新试验区建设背景下陶瓷文化创意产业园产业链构建研究"（项目编号：21SKJD18）研究成果，由项目主持人汪华林拟定了本书的大纲和整体写作方案，汪华林、王玉宁、易迎欣共同完成书稿的撰写工作，温骋、衷晨娟、刘俞辰、陈满等参与了书稿的初审和校对工作。在成书过程中，我们还得到了景德镇陶瓷大学、中国陶瓷产业发展研究中心、部分陶瓷产区政府、一批陶瓷企业和陶瓷文化创意产业园区的大力支持，在此，对所有给予了本书帮助和支持的组织和个人表达深深的感谢。

本书仍存在诸多不足，在此我们恳请读者对本书提出批评和修改意见，不吝珠玉。

汪华林　王玉宁　易迎欣

2023 年 7 月